PRINCIPES

DE

ÉGISLATION FINANCIÈRE

LA COMPTABILITÉ DE L'ÉTAT

PAR

G. FONTAINE
Docteur en droit
Rédacteur au Ministère des Finances

PARIS
LIBRAIRIE POLYTECHNIQUE Ch. BÉRANGER, ÉDITEUR
SUCCESSEUR DE BAUDRY ET Cie
15, RUE DES SAINTS-PÈRES, 15
MÊME MAISON A LIÉGE, 21, RUE DE LA RÉGENCE

1905

PRINCIPES

DE

LÉGISLATION FINANCIÈRE

LA COMPTABILITÉ DE L'ÉTAT

PRINCIPES

DE

LÉGISLATION FINANCIÈRE

LA COMPTABILITÉ DE L'ÉTAT

PAR

G. FONTAINE

Docteur en droit,
Rédacteur au Ministère des Finances.

PARIS

LIBRAIRIE POLYTECHNIQUE Ch. BÉRANGER, ÉDITEUR

SUCCESSEUR DE BAUDRY ET Cie

15, RUE DES SAINTS-PÈRES, 15

MÊME MAISON A LIÉGE, 21, RUE DE LA RÉGENCE

1905

A MON PÈRE

PRÉFACE

Je ne prétends pas présenter ici un Traité complet de la Comptabilité Publique : il y aurait là, d'ailleurs, matière à plusieurs volumes. J'ai voulu seulement exposer les principes de l'organisation et du fonctionnement de notre système financier, en expliquant, autant que possible, l'utilité des règles posées par le législateur, et le but qu'il avait en vue, en les édictant. Les lecteurs qui voudraient pénétrer plus avant dans les détails de notre législation financière pourront se reporter aux auteurs spéciaux sur la matière, que je cite au cours de mon étude, et, au besoin, aux lois, décrets ou circulaires.

Je me suis efforcé surtout de donner les indications qui permettront de lire et de comprendre les documents (projets de budgets, lois de finances, comptes, des finances, etc.) décrivant les opérations qui constituent la vie financière de l'État.

PRINCIPES
DE
LÉGISLATION FINANCIÈRE

LA COMPTABILITÉ DE L'ÉTAT

PRÉLIMINAIRES

LA COMPTABILITÉ PUBLIQUE. — LES DENIERS PUBLICS. — DIVISION DU SUJET

La Comptabilité publique est l'ensemble des règles qui président à la gestion des deniers publics, c'est-à-dire de ceux de l'État, des départements, communes et établissements publics ou de bienfaisance [1].

Cette définition ne s'entend pas seulement des fonds sur lesquels ces personnes morales exercent un droit de propriété, mais encore des fonds dont elles ont le maniement (c'est-à-dire qui sont en leur possession), à un titre quelconque [2].

[1] Les deniers publics sont les deniers de l'Etat, des départements, communes et établissements publics ou de bienfaisance.
Le service et la comptabilité des deniers publics sont et demeurent soumis aux dispositions législatives et réglementaires dont la teneur suit. Art. 1, décret 31 mai 1862.

[2] Il est vrai que les espèces métalliques n'étant pas des corps

Auront donc le caractère de deniers publics (en principe[1], du moins), toutes les remises matérielles d'espèces opérées au profit de l'État, des départements, communes et établissements publics, en vertu d'une opération juridique quelconque (translation de propriété, dépôt, prêt). Ainsi le produit des impôts et plus généralement des revenus; les dépôts des particuliers, agents comptables ou établissements publics, les cautionnements de comptables, les taxes recouvrées pour le compte d'autres établissements publics.

« Les deniers comportant la dénomination de « deniers publics », c'est-à-dire les deniers qui ont, juridiquement, pour destinataires les services publics, appartiennent, en principe, à l'une des deux catégories ci-après : ce sont, — ou bien des deniers dont le versement, correspondant à une obligation préexistante des parties versantes envers le service public, a pour effet d'éteindre cette obligation, — ou bien des deniers dont le versement ne corres-

certains, on pourrait soutenir juridiquement que l'État en acquiert la propriété par la simple tradition ; mais toutes les fois que cette tradition n'est pas faite en vertu d'un acte translatif de propriété, celui qui reçoit est constitué débiteur vis-à-vis de celui qui remet.

[1] Principe qui d'ailleurs comporte des exceptions; ainsi les Chambres de commerce sont des établissements publics, et leurs fonds ne sont pas cependant des deniers publics. De plus, l'administration des finances réserve la dénomination de comptables de deniers publics, aux comptables qui sont justiciables de la Cour des Comptes ou des Conseils de Préfecture.

pondant à aucune obligation préexistante des parties versantes, a pour effet de faire naître une obligation à la charge du service public [1]. »

Le caractère de deniers publics, une fois acquis, ne se perd plus que par une remise à un particulier, dans les formes prescrites par les lois et règlements ; ainsi, les sommes avancées aux fournisseurs dans certains cas (voir plus loin, *Exécution du Budget, paiements exceptionnels*), sont encore des deniers publics, parce que l'opération préalable de la liquidation a fait défaut.

La *gestion* des deniers publics est, au juste, un ensemble de recettes et de dépenses, les unes et les autres se subdivisant en un certain nombre d'opérations secondaires (autorisation, engagement, liquidation, ordonnancement et paiement, pour les dépenses ; — autorisation, liquidation, assiette, recouvrement, pour les recettes [2]).

Les règles de la Comptabilité publique s'appliquent donc :

1° Aux autorités chargées d'autoriser les recettes et les dépenses ;

2° Aux agents chargés d'effectuer les dépenses et de recouvrer les recettes ;

[1] M. Marquès di Braga et Camille Lyon, Traité des Obligations et de la Responsabilité des comptables publics, t. I. Pour plus de détails sur les deniers publics, consulter l'ouvrage.

[2] Dans tous les développements qui suivent, il ne sera traité que de la comptabilité de l'État.

3° Aux autorités chargées d'exercer un contrôle sur les agents de l'exécution.

Les règles qui concernent ces deux dernières séries d'opérations sont proprement les formes comptables, qui ont pour objet d'assurer l'observation des dispositions prises par les autorités chargées de l'autorisation.

Le droit d'autoriser les recettes et les dépenses de l'Etat est réservé à l'autorité législative; dans certains cas, il est délégué, par celle-ci, à l'Exécutif.

L'exécution est partagée entre : 1° les ordonnateurs ou administrateurs, qui font toutes les opérations aboutissant à la confection du titre au vu duquel sont effectués les paiements et recouvrements [1] et 2° les comptables, chargés des opérations de remise ou recouvrement d'espèces.

Il y a, aux termes de l'article 17 du décret du 31 mai 1862, incompatibilité entre les fonctions d'ordonnateur ou d'administrateur et celles de comptable : les agents qui participent à la confection du titre de paiement ou de recouvrement ne peuvent donc pas être chargés de la remise ou du

[1] Les administrateurs et les ordonnateurs sont chargés de l'établissement et de la mise en recouvrement des droits et produits, ainsi que de la liquidation et de l'ordonnancement des dépenses.

Des comptables responsables sont préposés à la réalisation des recouvrements et paiements. Art. 14, décret 1862.

Pratiquement, on réserve d'ordinaire la dénomination d'*ordonnateurs* aux agents qui établissent le titre de paiement ou ordonnance.

recouvrement matériels d'espèces. Toutefois, cette disposition ne s'étend pas, en principe, aux recettes; la constatation et le recouvrement des droits sont confiés aux mêmes agents, sauf en ce qui concerne le service des Contributions directes et quelques cas exceptionnels de Contributions indirectes et de Douanes.

« Les préposés à la perception des revenus publics sont chargés de constater la dette des redevables, de leur en notifier le montant, d'en percevoir le produit et d'exercer les poursuites prescrites par les lois et règlements; toutefois l'assiette des Contributions directes est confiée à des fonctionnaires et agents administratifs. » Article 306 du décret du 31 mai 1862.

Le contrôle, enfin, est exercé, d'une part, par les supérieurs hiérarchiques et par des agents spéciaux (inspection générale des finances), d'autre part, par la commission de vérification des comptes des ministres et par la Cour des comptes. Il se termine par une reddition de compte devant l'autorité qui a autorisé — soit directement, soit par délégation — les recettes et les dépenses : le Parlement.

PREMIÈRE PARTIE

LES AUTORISATIONS DE RECETTES ET DE DÉPENSES

L'autorisation de recouvrer les recettes et d'effectuer les dépenses est, en principe, donnée par le Parlement sous forme d'acte législatif.

Parmi les autorisations, les unes sont données pour les opérations d'une année entière : ce sont les lois portant fixation du Budget général de l'exercice... (suit l'indication de l'année qui donne son nom à l'exercice).

Les autres sont accordées pour une période d'un mois seulement ou même de plusieurs mois à la fois : ce sont les lois portant fixation de douzièmes provisoires.

D'autres encore, ne s'appliquent qu'à des dépenses particulières, ayant un objet spécial : ce sont les lois portant fixation de crédits additionnels. — Dans certains cas, l'autorisation, en ce qui concerne les crédits additionnels, peut être donnée par décret ; sauf, bien entendu, ratification par les Chambres.

Enfin, on peut citer, à titre historique, certains

exemples d'autorisations particulières : les Budgets extraordinaires, qui prévoyaient des recettes et dépenses d'un caractère accidentel et temporaire ;

Les Budgets rectificatifs, modifiant, en cours d'exercice, l'autorisation précédemment donnée.

Les Budgets sur ressources spéciales, dont l'utilité et le fonctionnement seront ultérieurement définis.

CHAPITRE PREMIER

LOI PORTANT FIXATION DU BUDGET GÉNÉRAL

Le projet de Budget est l'acte qui, sous forme d'une énumération, d'un état, est présenté aux Chambres par le Pouvoir exécutif à l'effet d'obtenir de celles-ci l'autorisation d'effectuer les dépenses et de recouvrer les recettes prévues pour une période déterminée. — La loi qui intervient ensuite et adopte ce projet (plus ou moins modifié) est la loi de finance, portant fixation du Budget.

Ainsi donc : le projet de Budget est un acte émané du Pouvoir exécutif pour être soumis au Parlement ; il n'a, par lui-même, d'autre valeur que celle d'une simple proposition.

Il est rédigé en forme d'énumération, dont les termes sont logiquement classés, c'est-à-dire d'*états*.

Le Budget, en France, prévoit les opérations d'une année[1]. C'est d'ailleurs la période généralement adoptée dans la plupart des États. On peut citer, comme exceptions, le Budget de la Hesse qui est triennal, celui de la Bavière qui est biennal.

[1] Du 1er janvier au 31 décembre.

Décret du 31 mars 1862, art. 5 : « Le Budget est l'acte par lequel sont prévues et autorisées les dépenses annuelles de l'État ou des autres services que les lois assujettissent aux mêmes règles. » Art. 30 : « Les recettes et les dépenses publiques à effectuer pour le service de l'exercice sont autorisées par les lois annuelles de finances. »

§ 1. — Préparation du budget

Le Budget de chaque département ministériel est établi par le Ministre compétent, au moyen des renseignements qui lui sont fournis par ses agents. L'ensemble des Budgets particuliers constitue le Budget Général, qui est présenté par le Ministre des Finances[1].

De la sorte, les indications fournies sont aussi précises que possibles, puisque ceux-là même qui sollicitent la dépense, seront chargés de l'exécuter. Mais, en revanche, les délais nécessaires pour la transmission sont très longs : de longs mois se sont écoulés souvent entre le moment auquel sont four-

[1] Art. 31, décret 31 mai 1862 : « Chaque année les différents Ministres préparent le Budget de leur département respectif. Le Ministre des Finances centralise ces Budgets et y ajoute celui des recettes pour compléter le Budget général de l'Etat. »

L'art. 31 du décret de 1862 dispose : « Un décret ordonne la présentation du Budget, à la Chambre des Députés et au Sénat. »

Ces décrets sont ainsi conçus : Le Président de la République Française décrète : Le projet de loi dont la teneur suit, sera présenté à la Chambre des Députés par le Ministre des Finances, chargé d'en exposer les motifs et d'en soutenir la discussion.

nis les éléments du Budget et celui auquel celui-ci sera voté.

Le ministre des Finances, qui présente le budget général de l'exercice, n'a pas le droit de refuser les chiffres qui lui sont proposés par ses collègues des autres départements ministériels pour leurs budgets particuliers. Mais, comme il lui faut équilibrer le Budget, c'est-à-dire établir des prévisions de recettes dont le montant soit égal ou supérieur aux prévisions de dépenses ; comme il essaye, en outre, de réduire autant que possible le chiffre des unes et des autres, afin de ne pas mettre les facultés contributives du pays à une trop rude épreuve, il doit faire tous ses efforts pour obtenir des autres ministres des réductions de dépenses : seulement, aucun texte ne l'autorise à rejeter une proposition contre le gré de son auteur[1].

Une fois l'entente faite, et le Budget général établi, ce document est, comme tous les projets de lois, soumis à l'examen d'une commission. La commission du Budget est composée de 33 membres, à raison de trois par bureau et désignés dans les formes ordinaires.

Cette commission rédige, sur l'examen du Bud-

[1] « Le Ministre des Finances n'est point le contrôleur général des dépenses des autres Ministères. Il ne lui appartient pas d'entrer dans les détails de leur administration, d'apprécier l'utilité, la nécessité, l'urgence de leurs dépenses et d'arrêter, à son gré, les services publics. » M. Roy, cité par M. Stourm.

get et sur les renseignements complémentaires qu'elle peut se faire donner, un rapport général qui sert de base aux délibérations de la Chambre.

§ 2. — Vote

La Chambre des Députés a, en matière de lois de finance, une prérogative spéciale : c'est devant elle que le projet doit être déposé et voté, avant d'arriver au Sénat[1]. Ce droit est d'autant plus précieux que la Chambre Haute abrège souvent son examen[2], afin d'éviter que le vote de la loi soit retardé et que l'on soit obligé de recourir à l'expédient des douzièmes provisoires. Mais, en somme, à part la priorité accordée à la Chambre des Députés dans l'ordre du dépôt, les droits des deux Chambres paraissent être les mêmes. Cette question, autrefois controversée, paraît aujourd'hui résolue définitivement dans le sens de l'affirmative[3].

L'examen du Budget devant le Parlement se

[1] « Toute loi de finance doit être en premier lieu présentée à la Chambre des Députés et votée par elle. » Art. 32, § 3 du décret du 31 mai 1862. — Loi constitutionnelle du 28 février 1875, art. 8.

[2] La commission chargée d'étudier le projet se compose de 27 membres au Sénat et se nomme *Commission des finances*.

[3] Voir, toutefois, Pierre, *Traité de Droit politique*. Il mentionne certaine restrictions au droit d'initiative de la Chambre Haute.

divise en deux parties: la discussion générale et la discussion par article [1]. Des remaniements peuvent être introduits pour modifier le projet [2]. Enfin une fois voté par les deux Assemblées et promulgué par le Président de la République, il prend le nom de loi portant fixation du Budget et devient exécutoire.

§ 3. — Exercice et gestion

La période de temps pendant laquelle s'exécutent les recettes et dépenses prévues au Budget porte le nom d'*exercice* [3]. Par extension, on applique également cette dénomination aux opérations elles-mêmes [4]. En ce sens, l'exercice est l'ensemble des recettes et dépenses effectuées en vertu de l'autorisation donnée par la loi de finance [5]. On devrait donc, en principe, rattacher au Budget

[1] Il s'agit d'articles de lois et non d'articles de dépenses. Chaque article de loi donne lieu à un vote sur chacun des chapitres qu'il comprend.

[2] Des dispositions récentes interdisent cependant d'aggraver le poids des dépenses par voie d'amendement en cours de discussion.

[3] Article 4 du décret 1862 : « L'exercice est la période d'exécution des services d'un Budget. »

Art. 2 : « Les services financiers s'exécutent dans des périodes de temps dites de gestion ou d'exercice. »

[4] Mais c'est un peu abusivement.

[5] M. Stourm définit l'exercice : L'ensemble des charges et des droits d'une même année, résultant soit d'opérations effectuées au cours de cette année, soit d'opérations postérieures.

d'une année toutes les opérations qui ont leur source dans une quelconque des dispositions de la loi de finance, à quelque époque qu'elles soient effectuées[1] (et de fait jusqu'en 1822 les exercices restaient indéfiniment ouverts). Mais, pour éviter des confusions inextricables, on a limité la durée de l'exercice :

Au 31 janvier de l'année qui suit celle à laquelle l'exercice donne son nom, pour l'achèvement des travaux.

Au 31 mars pour l'ordonnancement.

Au 30 avril pour les paiements et recouvrements[2].

C'est-à-dire qu'une dépense autorisée par la loi de finance de 1902 ne peut être ordonnancée que jusqu'au 31 mars 1903, ne peut être payée que jusqu'au 30 avril 1903. Passé ces délais, elle ne pourra plus être ordonnancée et payée, qu'en vertu d'une

[1] Bien que les dépenses et les recettes soient votées pour une année, les conséquences d'une disposition de la loi de finance peuvent se manifester au delà de la période de douze mois, d'autant que les opérations secondaires d'engagement, ordonnancement, etc., sont faites à des intervalles plus ou moins éloignés.

[2] « Sont seuls considérés comme appartenant à un exercice les services faits et les droits acquis du 1er janvier au 31 décembre de l'année qui lui donne son nom. » Art. 6 du décret de 1862, modifié par la loi du 25 janvier 1889.

« Les délais nécessaires soit pour achever certains services de matériel, soit pour compléter le recouvrement des produits, ainsi que la liquidation, l'ordonnancement et le paiement des dépenses sont déterminées par des dispositions spéciales du présent décret. » Art. 7 du décret de 1862, modifié par la même loi.

nouvelle autorisation[1] (voir plus loin *Dépenses sur exercices clos et sur exercices périmés*).

La loi de finance peut donc maintenant se définir : une série d'autorisations de recettes et de dépenses données sous condition que chacune des opérations secondaires qu'elles comportent sera effectuée dans la limite des délais fixés par les lois et règlements.

Les comptes d'exercice sont ceux qui décrivent les opérations de recettes et de dépenses effectuées en exécution de la loi de finance (ou de lois spéciales portant ouverture de crédits), et dans la limite des délais fixés par les lois et règlements.

On oppose aux comptes d'exercice les comptes de gestion[2], qui retracent l'ensemble des opérations de recette et dépense effectuées par un comptable pendant une période déterminée[3].

On ne tient compte que de la date des opérations

[1] Art. 8 du décret 1862 : Les crédits pour les dépenses de chaque exercice ne peuvent être appliqués aux dépenses d'un autre exercice.

[2] Art. 3 du décret 1862 : « La gestion embrasse l'ensemble des actes d'un comptable soit pendant l'année, soit pendant la durée de ses fonctions ; elle comprend en même temps que les opérations qui se règlent par exercice (entendez l'exécution du Budget proprement dit), celles qui s'effectuent pour des services de trésorerie ou des services spéciaux ».

[3] La durée normale de la gestion est d'un an — du 1er janvier au 31 décembre, sauf pour les comptables des colonies (du 1er juillet au 30 juin). Mais si le comptable cesse ses fonctions, par suite

et non de la date de la disposition budgétaire dont elles découlent[1].

Les comptes d'exercice permettent de déduire les conséquences financières d'un Budget, c'est-à-dire de déterminer exactement le montant des dépenses effectuées et des recettes recouvrées, en exécution des dispositions de la loi de finances (en d'autres termes, il s'agit de substituer, aux évaluations incertaines du Budget, le chiffre des résultats).

C'est grâce aux comptes d'exercice que l'on peut réaliser une des conditions les plus essentielles à un Budget : la personnalité comptable.

Les comptes de gestion ont l'avantage de permettre un contrôle facile des opérations des comptables, puisqu'ils décrivent le rappel de l'encaisse au début de l'année ;

Les entrées et sorties de fonds depuis cette époque ;

de changement de résidence ou pour toute autre cause, avant l'expiration de ce délai, la gestion n'embrasse plus que la période comprise entre le 1er janvier et l'époque de la cessation de ses fonctions. Voir art. 24 du décret 1862.

On distingue la gestion *annuelle* qui comprend la période du 1er janvier au 31 décembre, et la gestion *personnelle* qui comprend une période quelconque plus courte.

[1] Supposons une créance sur l'État liquidée en décembre 1903 et d'ailleurs autorisée par la loi de finance de 1903. Elle est payée en janvier 1904. En comptant par exercice, elle sera imputée sur l'année 1903 ; en comptant par gestion, elle sera imputée sur l'année 1904.

Le solde au 31 décembre[1].

Il est évident qu'à tout moment la situation doit être égale à la situation constatée au commencement de la gestion, et modifiée par les opérations de recette et de dépenses subséquentes.

§ 4. — Division du budget

Un projet de Budget, comme tout projet de loi, en général, comporte :

1° Un exposé des motifs ;

2° Un projet de loi portant fixation du Budget ;

3° Enfin, des tableaux législatifs.

L'exposé des motifs est destiné à justifier les propositions soumises à l'approbation des Chambres ; c'est ainsi, par exemple, qu'une étude sur la marche de la fortune publique ne sera pas sans intérêt lorsqu'il s'agira de réorganiser le système fiscal. Un examen de la situation du Trésor, des services spéciaux permet de dégager l'état des disponibilités et des obligations.

Quant au projet lui-même, il est divisé en Budgets particuliers pour chaque Ministère.

Les dépenses sont votées les premières, parce que les recettes sont destinées à fournir les moyens de les acquitter : avant de déterminer le chiffre des ressources il est donc indispensable de con-

[1] Cette série d'opérations s'appelle *la ligne de compte.*

naître avec exactitude le montant des engagements auxquels il faudra faire face, au paiement desquelles elles seront appliquées[1].

M. Stourm remarque que l'État agit au rebours d'un particulier, qui commence par évaluer ses ressources, et qui leur proportionne ses dépenses ; mais, ajoute-t-il, la situation n'est pas la même, car les revenus d'un particulier sont limités, tandis que ceux de l'État, provenant pour la plus grande partie de l'impôt, sont, en réalité, « extensibles à la volonté des gouvernants ».

Ainsi donc, les dépenses ont la priorité, mais au point de vue constitutionnel, la prééminence, comme le remarque, fort judicieusement M. Camille Lyon, appartient aux recettes qui, pour la plupart, constituent un prélèvement sur les facultés des contribuables, en vertu d'un mode d'acquisition particulier — la Loi[2]. C'est-à-dire que la disposition du législateur crée à la charge du contribuable une dette au profit de l'État, dont l'exigibilité est subordonnée à certains faits — propriété, consommation, par exemple. C'est évidemment là un acte plus grave qu'une opération de dépense.

Aussi, tandis que les autorisations de dépense

[1] « Ce sont les dépenses à faire qui servent de mesure et de justification aux recettes. » M. Passy, cité par M. Stourm.

[2] Bien entendu il ne s'agit ici que des taxes et nullement des revenus du domaine

sont données par groupes appelés Chapitres, et que dans certains cas le droit d'autorisation est délégué par le Parlement au Pouvoir exécutif[1], les recettes sont autorisées toujours par les Chambres.

Recettes et dépenses sont nettement distinguées dans le Budget : les unes et les autres figurent pour leur montant brut, sans compensation. Lors donc qu'une recette comporte certains frais, ou qu'une dépense est atténuée par certaines rentrées, le projet de loi ne se borne pas à faire ressortir le net de l'opération : il décrit, d'une part, le montant intégral de la recette ou de la dépense, d'autre part les frais ou les retenues qui viennent en déduction[2].

Ainsi, les impôts sont inscrits en recette pour leur chiffre intégral ; les frais de perception, en

[1] Voir Crédits Supplémentaires.

[2] Art. 16 du décret de 1862 : « Il doit être fait recette intégrale du montant des produits. Les frais de régie et de perception sont portés en dépenses, ainsi que les autres frais accessoires. »

Art. 43 : « Les Ministres ne peuvent accroître par aucune ressource particulière le montant des crédits affectés aux dépenses de leurs services respectifs. »

—Ils peuvent toutefois recevoir des subventions appliquées à un objet déterminé : les fonds sont versés par les départements, les communes ou les particuliers « pour concourir avec ceux de l'Etat à des dépenses d'intérêt public ». Ces fonds, lors de leur versement, sont portés en recette à un Service spécial (voir plus loin les Services spéciaux). Quand il en est fait usage par le Ministre compétent, le montant en est porté en dépense à ce service spécial, intitulé « Fonds de concours pour dépenses d'intérêt public », en recette au Budget. Voir art. 52 du décret du 31 mai 1862 et arrêté du Ministre des Finances du 6 juin 1863.

dépense. Il est évident qu'il ne reste dans les caisses du Trésor que la différence entre ces deux sommes.

De même, la généralité des traitements de fonctionnaires est passible d'une retenue pour le service des pensions : on portera donc au compte des dépenses le montant des traitements, comme s'il n'y avait pas de retenue, et au compte des recettes le montant des retenues.

C'est l'application du principe dit de l'Universalité du Budget, qui est destiné à permettre un contrôle plus approfondi et plus exact des opérations : le juge des comptes en connaît ainsi non seulement le résultat, mais encore les éléments, les détails. Par suite, son contrôle s'exerce plus efficacement.

§ 5. — Dépenses

Les dépenses sont votées par groupes appelés *chapitres*, dont la définition est donnée par l'article 56 du décret de 1862 : ce sont celles qui sont appliquées à des services corrélatifs et de même nature[1].

Ainsi les rubriques :

Traitement du Ministre et personnel de l'Administration centrale,

[1] « Chaque chapitre ne contient que des services corrélatifs et de même nature. » Art. 56 du décret 1862.

Matériel et dépenses diverses de l'Administration centrale,

Conseil d'Etat, personnel,

Conseil d'Etat, matériel,

Constituent autant de chapitres distincts.

En votant les dépenses par groupes, le Parlement laisse aux Ministres une certaine latitude « puisqu'ils ont ainsi la faculté de se mouvoir dans l'intérieur d'un même chapitre ». De plus, les Chambres évitent ainsi de perdre un temps précieux, en ne procédant pas à une discussion pour chaque article de dépense.

Mais, d'un autre côté, les groupes ne doivent pas être trop étendus, car alors l'autorité du Parlement serait diminuée et son contrôle affaibli dans la gestion des deniers. Le juste milieu est difficile à déterminer.

L'indication des sommes que la loi de finance permet de consacrer à l'exécution des services d'un chapitre, et pendant la durée de l'exercice, s'appelle Crédit[1].

Certains Crédits limitent expressément le montant de la dépense, et sont, pour ce motif, appelés *Crédits limitatifs*.

Les autres ne constituent qu'une évaluation ap-

[1] « La loi annuelle de finance ouvre les crédits nécessaires pour les dépenses de chaque exercice. Art. 53 du décret.

« Les crédits ouverts pour les dépenses de chaque exercice ne peuvent être appliqués aux dépenses d'un autre exercice. »

proximative, parce que la nature du service ne se prête pas à une prévision exacte et précise des dépenses qu'il peut exiger; on les désigne sous le nom de *Crédits évaluatifs* ou *services votés.*

Tandis que les premiers ne peuvent être dépassés que moyennant une nouvelle autorisation législative, modifiant les chiffres primitivement fixés par la loi de finance, le Pouvoir exécutif peut, sous certaines conditions, excéder le montant des sommes prévues pour les seconds par cette même loi. Les prévisions n'avaient d'ailleurs aucunement, dans la pensée du législateur, le caractère d'une disposition définitive; elles ne constituaient que de simples indications.

Ainsi, pour prendre un exemple au Budget du Ministère de l'Intérieur (en 1904), le chapitre I, Traitement du Ministre et Personnel de l'Administration centrale est doté d'un crédit de 1.435.555. Cette somme ne pourrait être dépassée qu'en vertu d'une loi nouvelle : c'est un Crédit limitatif.

Au contraire, au Budget du Ministère des Finances, le crédit affecté au chapitre 65, Frais relatifs aux rôles des contributions directes, est inscrit pour 1.277.460 francs.

Dans le cas où, en cours d'exercice, cette somme deviendrait insuffisante, le Pouvoir exécutif pourrait autoriser une ouverture de crédit au delà de ce chiffre. — *C'est un Crédit évaluatif.*

La loi de finances énumère tous les ans, dans une nomenclature spéciale annexée au Budget de chacun des Ministères, les services dont les Crédits pourront être augmentés par le Pouvoir exécutif.

Dans le Budget de 1904 (pour le Ministère des Finances), on peut citer, par exemple : — Frais judiciaires de poursuite, instance et de condamnations prononcées contre le Trésor public ;

Services des poudres à feu;

Remboursements et restitutions, non valeurs et primes;

Frais de justice en France ; de justice criminelle en Tunisie;

Fabrication des timbres-poste.

Il est visible que les dépenses de ces divers services ne peuvent être évaluées avec certitude. Comme le dit M. Stourm : c'est le cours de l'exécution du Budget qui se chargera de déterminer le montant exact des crédits à leur consacrer.

L'ouverture, par le Pouvoir exécutif, de crédits supplémentaires, destinés à compléter les autorisations données par les Chambres, est subordonnée à certaines conditions :

1° Le crédit doit s'appliquer à l'un des chapitres figurant dans la loi de finance parmi les services votés ; ce sont là, en effet, comme il a été dit, les seuls services pour lesquels les Chambres délèguent leur droit d'autorisation.

2° Cette autorisation est, alors, donnée par décret du Président de la République, approuvé par le Conseil des Ministres et rendu en Conseil d'Etat.

Ce décret doit indiquer les voies et moyens, c'est-à-dire énoncer les ressources qui seront appliquées au paiement de la dépense.

3° L'autorisation de dépense ne peut être donnée par décret que si les Chambres ne sont pas en session [1].

Encore faut-il que la vacance ne provienne pas d'une dissolution ; par cette disposition, le législateur a voulu arrêter la marche des services publics si un événement imprévu privait le pays de sa représentation nationale.

4° Enfin, la sanction législative doit être donnée à l'autorisation de dépense, dans les quinze jours de la rentrée du Parlement.

Dépassements de crédits. — Les règles concernant les dépenses assurent l'autorité du Parlement dans l'administration des deniers publics : cette autorité deviendrait illusoire si les règles pouvaient

[1] Certains suppléments de dépense, par exemple, pour les chemins de fer de l'Etat, peuvent être autorisés par décret, même pendant les sessions. La ratification doit être demandée dans le délai d'un mois.

être impunément violées ; aussi leur observation est-elle garantie par une sanction : les Ministres ne peuvent, sous leur responsabilité, dépenser au delà des crédits ouverts à chacun d'eux, ni engager aucune dépense nouvelle avant qu'il ait été pourvu au moyen de la payer par un supplément de crédit[1]. Nous verrons une règle analogue en matière de dépassement de recettes.

Virements de crédits. — L'autorisation de dépense étant donnée spécialement pour chaque chapitre par les Chambres, il s'ensuit tout naturellement que les virements d'un chapitre à un autre sont interdits, c'est-à-dire qu'il n'est pas possible de distraire une fraction des sommes consacrées à l'un d'eux pour combler l'insuffisance des sommes affectées à un autre.

Cette opération, appelée « Virement de Crédit » aurait, en effet, pour résultat de modifier et de dénaturer la disposition du législateur, en augmentant d'une part, en diminuant, d'autre part, les crédits votés par les Chambres.

À cette raison théorique s'ajoute d'ailleurs une considération de fait : les Ministres pourraient être tentés de distraire des sommes d'un chapitre pour les appliquer à un autre, et, une fois la dépense

[1] Art. 41 du décret du 31 mai 1862.

faite, réclamer un crédit supplémentaire, pour compléter les sommes nécessaires à l'exécution des services du premier chapitre.

De là, la disposition de l'article 55 du décret du 31 décembre 1862 (modifié par article 30 de la loi du 16 décembre 1871) : « Aucun virement de crédit ne peut avoir lieu d'un chapitre à un autre[1]. »

Détail des dépenses. — Les dépenses du Budget général se rangent sous les cinq rubriques suivantes :

1° *Dette publique.* — Les principales dépenses comprises sous ce titre sont les suivantes :

Le service de la dette perpétuelle (arrérages du 3 p. 100 perpétuel) ;

Le service de la dette à terme ou remboursable par annuités (annuités aux Compagnies de Chemins de fer, service des obligations, etc.) ;

Le service de la dette viagère (pensions militaires et civiles, allocations complémentaires, etc.) ;

Le service de la dette flottante.

[1] Il ne faut pas confondre les *virements de crédits* qui consistent à attribuer à un chapitre les fonds attribués à un autre chapitre, avec les *virements de comptes* qui constituent un changement d'imputation. Lorsqu'une dépense a été imputée, à tort, à un chapitre, elle peut, — dans certains délais — être virée de ce chapitre à celui dont elle ressort réellement. C'est là en somme une opération de régularisation ; elle est constatée par l'*Agent Comptable des virements de comptes.*

2° *Pouvoirs publics.* — Ce titre comprend :

La dotation du Président de la République ;

Frais de voyages, déplacement et représentation du Président de la République;

Frais de maison du Président de la République;

Dépenses des pouvoirs législatifs : Dépenses administratives du Sénat et indemnités des sénateurs ;

Dépenses administratives de la Chambre des députés et indemnités des députés.

3° *Services généraux des Ministères.* — C'est l'ensemble des dépenses de personnel et de matériel de chacun des divers Ministères, traitement du Ministre et divers agents, frais de matériel.

Par exemple, en 1904, Budget du Ministère des Finances :

Traitement du Ministre et personnel de l'Administration centrale du Ministère;

Inspection générale des Finances;

Matériel de l'Administration centrale;

Frais de personnel et de matériel des Trésoreries générales et de la recette centrale de la Seine.

4° *Frais de régie de perception et d'exploitation des impôts et revenus publics.*

A cette rubrique, on rencontre entre autres les chapitres suivants :

Personnel de l'Administration des Contributions directes;

Dépenses diverses de l'Administration des Contributions directes;

Frais relatifs aux rôles des Contributions directes;

Frais de fabrication des plaques de contrôle des vélocipèdes;

Bâtiments des manufactures de l'État.

5° *Remboursements, restitutions, non valeurs.*

Il y a lieu à *remboursement* lorsque certaines taxes ont été indûment perçues :

Ce chapitre est désigné au Budget de la façon suivante :

Remboursements sur produits indirects et divers en France et en Algérie.

« Le *remboursement* consiste dans le fait de reverser à un tiers le montant d'un paiement que celui-ci aurait indûment effectué, ou dont il lui serait accordé décharge gracieuse, comme en matière de dégrèvements sur contributions directes.

« La *restitution* s'entend de la remise à un tiers de fonds perçus par l'État pour le compte de ce tiers; par exemple en cas de répartition de produits d'amendes, saisies et confiscations, ou en cas de remboursement sur le produit du travail des détenus [1].

[1] Au Budget de 1904, Ministère des Finances, par exemple. Ch. 107. Répartition de produits d'amendes saisies et confiscations attribués à divers en France en Algérie (ce produit est reparti entre l'État, la commune, l'agent verbalisateur).

« Les dépenses de *non-valeurs* sont celles qui sont effectuées pour couvrir les non-perceptions, sur des impôts qui doivent paraître en recettes pour l'intégralité des droits constatés à la charge des redevables. Telles sont les non-valeurs sur les Contributions directes [1].

« Enfin les primes représentent les allocations accordées à divers dans des conditions déterminées, comme les primes à l'exportation des marchandises [2]. » *Pandectes françaises, Finances publiques.*

Par exemple, la restitution de droits lorsqu'une marchandise sort du territoire, après avoir été introduite sous drawback.

Quant aux primes : telles que primes à la Marine marchande, à la filature de la soie, elles figurent au Budget du Commerce, sous la rubrique Services généraux des Ministères.

Remarque. — Le Budget de chacun des Ministères est divisé en ces cinq rubriques ; mais certaines n'y figurent point du tout.

Aussi, les deux premières : *Dette publique ; Pouvoirs publics* ne se trouvent qu'au Budget du Ministère des Finances.

[1] Même Budget :
Dégrèvements et non valeurs sur contributions directes et taxes et assimilées, y compris les taxes additionnelles pour fonds de garantie. C'est une opération de comptabilité, un jeu d'écritures.

[2] Dans le projet de 1905, ces *primes* cessent de figurer et sont comprises parmi les remboursements.

La troisième, *Services généraux des Ministères* figure dans tous les Budgets.

La quatrième, *Frais de régie et perception* figure aux Finances, aux Postes et Télégraphes, aux Affaires étrangères, à l'Agriculture.

La cinquième figure également au Budget de plusieurs Ministères : Finances, Intérieur, Postes et Télégraphes, Agriculture.

§ 6. — Recettes

Les recettes, comme il a été dit plus haut, sont autorisées, toujours par les Chambres.

En cours d'exercice, il n'interviendra jamais d'autorisation donnée par l'Exécutif de percevoir des taxes non prévues et autorisées par le Parlement.

La disposition qui consacre le droit exclusif des Chambres en cette matière figure à la fin de toutes les lois de finances ; elle est ainsi conçue.

« Toutes contributions directes ou indirectes, autres que celles qui sont autorisées par les lois de finances de l'exercice... à quelque titre ou sous quelque dénomination qu'elles se perçoivent sont formellement interdites, à peine contre les autorités qui les ordonneraient, contre les employés qui confectionneraient les rôles et tarifs et ceux qui en effectueraient le recouvrement, d'être poursuivis comme concussionnaires, sans préjudice de l'action en répétition pendant trois années contre tous receveurs, percepteurs ou individus qui en auraient fait la perception. »

Évaluation des recettes. — L'évaluation du chiffre des recettes est impossible à faire exactement, car les Chambres peuvent bien voter des taxes, mais le rendement de celles-ci ne peut-être prévu avec certitude[1]. Les chiffres qui sont inscrits au Budget, en regard des divers revenus publics, ne constituent donc qu'une évaluation approximative, une prévision, que les faits pourront modifier.

Leur fixation n'est cependant pas abandonnée à un caprice arbitraire : on adopte les chiffres du dernier exercice connu (système de la penultième année), dans la plupart des cas et notamment pour les taxes indirectes ; sous réserve, bien entendu, des faits exceptionnels, tels que changements de tarifs qui ont pu se produire depuis cette date. En ce qui concerne les contributions directes, on procède par voie d'appréciation directe.

« Le système de l'appréciation directe s'impose en ce qui concerne les impôts directs de répartition

[1] Sauf évidemment pour les impôts de répartition. De même, les revenus du domaine sont susceptibles d'une évaluation assez précise.

et même de quotité, en raison de la stabilité des éléments qui servent de base à la perception; les revenus publics, autres que les revenus indirects et ceux des monopoles sont évalués suivant la même méthode, car, là encore, il y a peu de place pour l'imprévu, ou le montant de la recette présente trop peu d'importance pour qu'une erreur d'évaluation risque de troubler l'équilibre budgétaire.

« Le rendement des impôts indirects est, au contraire, essentiellement variable, sous l'influence de causes multiples, parmi lesquelles les phénomènes économiques, dont, à raison de leur caractère et de leur importance, les conséquences ne sauraient être chiffrées. D'une façon générale, les recouvrements opérés pendant les exercices antérieurs doivent servir de base aux évaluations des recettes futures, en tenant toujours compte, d'une part des modifications de recettes résultant de lois nouvelles dont les dispositions ont une répercussion financière, d'autre part, des changements, créations, suppressions apportées par le projet de Budget lui-même et la législation fiscale antérieure. » *Pandectes françaises, Finances publiques.*

Détail des recettes. — Le premier groupe des recettes est constitué par les Impôts et revenus. Il comporte :

1° Contributions directes ;

2° Taxes assimilées aux contributions directes[1] ;

3° Produits de l'enregistrement ;

4° Produits du timbre ;

5° Impôt sur les opérations de Bourse ;

6° Taxe sur le revenu des valeurs mobilières, etc. ....

7° Produits des douanes ;

8° Produits des contributions indirectes ;

9° Produits des sucres.

Le deuxième groupe est intitulé « Produits des monopoles et exploitations industrielles de l'Etat. » Il comprend :

1° Produits recouvrés par les receveurs des contributions indirectes et des contributions diverses : Produits de la vente des allumettes. Produits de la vente des tabacs. Produits de la vente des poudres à feu ; ....

2° Produits des postes, télégraphes et téléphones ;

3° Produits de diverses exploitations ; — par

[1] Il faut remarquer que ces deux catégories de recettes sont votées dès juillet ; mais la perception est autorisée par la loi de finances en ces termes : « Est et demeure autorisée la perception des contributions directes et taxes y assimilées établies pour l'année... en vertu de la loi de juillet (de l'année précédente). En somme l'impôt existe de juillet, mais il n'est pas exigible.

On pourrait comparer la situation des percepteurs des Contributions directes, après le vote de juillet et avant celui de la loi de finance, à celle d'un mineur qui jouit de ses droits mais qui ne les exerce pas.

exemple, produits des télégraphes (câble du Tonkin), excédent des recettes sur les dépenses de la fabrication des monnaies et des médailles et produit net de l'émission des monnaies de bronze et de nickel ; bénéfices de l'exploitation des chemins de fer de l'Etat.

Le troisième groupe est celui des « Produits et Revenus du domaine de l'Etat ». Il se subdivise en :

1° Produits du domaine autre que le domaine forestier, tels que produits des ventes effectuées à la manufacture de Sèvres ou à son magasin de vente à Paris ; — produits de l'exploitation des établissements régis ou affermés par l'Etat (écoles vétérinaires, écoles d'agriculture) ; — bacs et passages d'eau ;

2° Produits des forêts ; encaissés les uns par les Trésoriers-Payeurs généraux (coupes ordinaires ou extraordinaires vendues en bloc sur pied...), les autres par les receveurs des domaines (coupes vendues après façonnage, chasse dans les forêts de l'Etat, pêche dans les étangs et cours d'eau non navigables dépendant du domaine privé de l'Etat...).

Le quatrième groupe embrasse les « Produits divers du Budget » parmi lesquels on peut citer :

Taxe des brevets d'invention ;

Produit de la rente de l'Inde ;

Bénéfices réalisés par la Caisse des Dépôts et Consignations ;

Produit du travail des détenus dans les établissements pénitentiaires ;

Redevance de la Vallée d'Andorre.

Le cinquième groupe, « Produits exceptionnels » ne faisait figurer en 1904 que deux articles.

Produit de l'émission d'obligations à court terme ;

Produit de l'aliénation exceptionnelle de rentes provenant de dons et legs.

Enfin le sixième groupe s'intitule « Recettes d'ordre ».

Les recettes d'ordre sont celles qui sont perçues en contre-partie de certaines dépenses. Les unes ne couvrent qu'une fraction de la dépense ; on les appelle *recettes d'ordre en atténuation de dépense* ; les autres en couvrent intégralement le montant ; ce sont les *recettes d'ordre proprement dites*.

1° Recettes d'ordre en atténuation de dépense : Retenues et autres produits perçus en exécution de la loi du 9 juin 1853 pour les pensions civiles. — Recettes en atténuation des dépenses de la Dette flottante[1]. — Rétributions imposées sur les élèves des établissements d'enseignement supérieur, etc.

[1] Voir plus loin Services Spéciaux.

2° Recettes d'ordre proprement dites : — Remboursement par les communes du département de la Seine des dépenses faites pour leur police municipale. — Remboursement par le gouvernement beylical des frais de personnel et des frais de justice criminelle de la justice française en Tunisie, etc.

§ 7. — Budgets annexes

Certains services, au lieu de figurer en recettes et dépenses dans les Budgets des Ministères, auxquels ils ressortissent logiquement, ne font apparaître que la solde de leurs opérations : ils sont appelés Budgets annexes.

C'est-à-dire que les opérations de recette et de dépense, en ce qui concerne ces Budgets, ne figurent dans le texte du Budget Général que pour leur différence : le développement fait l'objet de l'une des annexes.

« Sauf quelques exceptions, il est difficile de s'expliquer les motifs qui justifient l'établissement d'un compte particulier, distinct du Budget. » *Pandectes Françaises, Finances Publiques.*

Ces services qui interviennent par le solde sont, au Budget de 1904, les suivants :

Fabrication des Monnaies et Médailles ;

Imprimerie nationale ;

Légion d'honneur ;

Caisses des Invalides de la Marine ;

Chemins de fer de l'État.

Lorsque le Budget annexe fait ressortir un excédent de recettes, le produit en est versé aux Recettes du Budget général. Ainsi au Budget de 1904, il est prévu un excédent de recettes de 3.857.400 francs, pour la fabrication des Monnaies et Médailles. Par suite,

Au Budget annexe, Monnaies et Médailles, il est inscrit une dépense de 3.857.400 francs sous la rubrique : « Application au Trésor de l'excédent des recettes sur les dépenses ».

Au Budget général, il est inscrit aux recettes, titre du « Produit des exploitations industrielles » une somme égale sous la rubrique « Excédent de recettes sur la fabrication des Monnaies et Médailles. »

Inversement, les excédents de dépense sont couverts au moyen des ressources du Budget général.

On voit donc : 1° Que les budgets annexes font toujours apparaître en recettes et en dépenses des chiffres qui se balancent.

2° Que le solde, débiteur ou créditeur, affecte seul, soit en recettes soit en dépenses le chiffre de la loi de finances.

Remarque. — On a également donné le nom de budgets annexes :

1° A certains services jouissant d'une autonomie spéciale et n'affectant en rien le budget général par le solde de leurs opérations, qui joue avec leur fonds de dotation : Ecole centrale; Caisse nationale d'Épargne;

2° A certaines entreprises dans lesquelles le Trésor intervient d'une façon toute spéciale (garantie d'intérêts, service d'emprunts) : Chemin de fer et port de la Réunion ; Chemin de fer de Kayes au Niger.

CHAPITRE II

AUTORISATIONS DE RECETTES ET DÉPENSES HORS BUDGET

La plus grande partie des autorisations de recettes et de dépenses sont groupées dans le Budget général. Il se peut cependant que le Pouvoir exécutif sollicite l'approbation des Chambres pour des États de prévision particuliers ou même que des autorisations soient données dans la forme moins solennelle des décrets.

§ 1. — BUDGETS EXTRAORDINAIRES

Les Budgets extraordinaires sont ceux qui, présentés à part, prévoient pour une année entière des dépenses d'un caractère accidentel et temporaire ; ils s'alimentent, en général, au moyen de ressources exceptionnelles — telles, par exemple, que ventes de biens composant le domaine de l'État, produit d'une contribution de guerre.

« Les événements exceptionnels, l'état de guerre par exemple, peuvent rendre nécessaires l'engagement subit de dépenses considérables destinées par leur nature même à disparaître sous peu, en même temps que les causes qui les ont motivées. Pour couvrir ces dépenses nouvelles, les revenus ordinaires deviendraient insuffisants ; il y a lieu, soit de recourir à des ressources extraordinaires comme l'emprunt, soit de demander uniquement à l'impôt, par l'augmentation des taxes existantes et la création de taxes nouvelles, le complément nécessaire pour faire face à la dépense extraordinaire.

Mais « le fait d'avoir recours à l'emprunt ne suffit pas pour créer un Budget extraordinaire, il faut encore que les dépenses exceptionnelles, auxquelles il devra être fait face au moyen de ressources, également exceptionnelles, soient distraites du Budget ordinaire ». *Pandectes françaises, Finances publiques.*

Les Budgets extraordinaires ont paru, pendant plusieurs années dans notre comptabilité. Ainsi après la guerre de 1870, il fut ouvert un Compte de liquidation.

En recettes, figurait par exemple :

Excédent des recettes de l'exercice 1869 ;

Fonds disponibles sur les prêts de la Banque de France, provenant des exercices 1870 et 1871 ;

Produit de la vente d'immeubles domaniaux ;

Produit d'une souscription réalisée en 1870-1871, pour achat de canons.

Après 1879, ce compte de liquidation fut dénommé Budget extraordinaire, on le voit figurer en recettes.

Emprunts de 1879, 1881, 1883, 1884;
Conversion du 4 1/2 et du 4 p. 100.
Fonds de concours.

Enfin les Budgets extraordinaires ont été définitivement supprimés en 1891 (loi du 26 décembre 1890).

§ 2. — Douzièmes provisoires

Les lois portant fixation de douzièmes provisoires sont des autorisations de recettes et de dépenses limitées à une période d'un ou de plusieurs mois.

L'art. 32 du décret du 31 mai 1862 dispose bien, en effet, que « le Budget est présenté et voté avant l'ouverture de l'exercice ». Mais en réalité la loi de finances n'est votée, bien souvent, qu'après le premier janvier. Pour ne pas arrêter la marche des services publics, on a recours à l'expédient des douzièmes provisoires.

Ces autorisations sont toujours données par une loi et dans la forme suivante : Loi portant : 1° Ouverture sur l'exercice... de Crédits provisoires applicables au mois de... (de la même année); 2° Autorisation de percevoir pendant le même mois les revenus et impôts publics.

Suit, dans un état annexé, le développement des crédits par chapitres.

Les Crédits ouverts se confondent avec ceux qui

seront ultérieurement accordés pour l'année entière, par la loi de finances proprement dite.

§ 3. — Crédits additionnels

Les prévisions de dépense étant établies fort longtemps à l'avance, le montant des sommes à leur consacrer ne peut être déterminé avec certitude. Bien plus, certaines natures de dépenses (qu'il s'agisse de la création d'un service, ou de l'extension d'un service déjà existant) n'ont pas été prévues du tout.

Pour faire face à tous ces cas, il devient nécessaire, en cours d'exercice, d'avoir de nouveaux crédits, que l'on dénomme *Crédits additionnels.* L'autorisation est donnée par le Parlement ou par le Pouvoir exécutif, d'après les distinctions ci-après.

Lorsqu'il s'agit de créer un service ou d'étendre un service déjà créé, il y a lieu à *Crédit extraordinaire.* Par exemple, indemnité à des victimes en cas d'accident. M. Stourm cite également « Expérience de mobilisation dans une région de corps d'armée ».

— Il faut une autorisation donnée par les Chambres, pour le premier cas; un décret suffit pour le second, dans certaines conditions.

Lorsqu'il s'agit de pourvoir à l'insuffisance des fonds attribués à un service *déjà créé* et *sans l'étendre* il y a lieu à *Crédit supplémentaire.* L'autorisation peut, sous certaines conditions, être donnée par le Pouvoir exécutif. (Voir plus haut *Crédits évaluatifs et Crédits limitatifs.*)

Voici d'ailleurs le texte de la loi du 14 décembre 1879, qui régit cette question :

« Art. 1. — Il ne peut être accordé de crédits supplémentaires qu'en vertu d'une loi.

« Art. 2. — Les crédits supplémentaires sont ceux qui doivent pourvoir à l'insuffisance, dûment justifiée, d'un service porté au Budget, et qui ont pour objet l'exécution d'un service déjà voté sans modification dans la nature de ce service.

Les crédits extraordinaires sont ceux qui sont commandés par des circonstances urgentes et imprévues et qui ont pour objet ou la création d'un service nouveau ou l'extension d'un service inscrit dans la loi de finances au delà des bornes déterminées par cette loi.

« Art. 4. — Dans le cas de prorogation des Chambres, tel qu'il est défini par le paragraphe 1 de l'article 2 de la loi constitutionnelle du 16 juillet 1875[1], des Crédits supplémentaires et extraordinaires, pourront être ouverts provisoirement par des décrets rendus en Conseil d'État, après avoir été délibérés et approuvés en Conseil des Ministres.

[1] Qui exclut le cas où les Chambres auraient cessé de siéger par suite de dissolution. Il est ainsi conçu : « Le Président de la République prononce la clôture de la session ».

« Ces décrets devront être soumis à la sanction des Chambres dans la première quinzaine de leur plus prochaine réunion.

« Art. 5. — Pourront seuls donner lieu à ouverture de Crédits supplémentaires, les services votés dans la nomenclature qui sera annexée chaque année à la loi de finances.

« Les crédits extraordinaires qui ont pour objet la création d'un service nouveau ne pourront être ouverts par décret. »

En rapprochant ce qui précède de dispositions concernant les crédits évaluatifs, on arrive à cette conclusion que les crédits évaluatifs, ou services votés, sont les seuls pour lesquels le Pouvoir exécutif puisse étendre l'autorisation de dépense, soit qu'il s'agisse d'étendre le service, soit qu'il s'agisse de compléter les sommes à lui affectées, mais reconnues insuffisantes en cours d'exercice.

Les dispositions de la loi de 1879 sont complétées par celles de la loi du 12 août 1876 qui exige que le Ministre des Finances réunisse en un seul projet de loi toutes les demandes de crédits supplémentaires ou extraordinaires dont le besoin se sera fait sentir pendant l'intervalle d'un mois [1]. Il ne pourra procéder par projets de lois spéciaux

[1] D'après une disposition récente, cette règle n'est pas applicable aux crédits destinés au paiement des dépenses sur exercices clos.

que dans les cas d'urgence. Ceci afin d'éviter, sans doute, que l'on ne dissimule l'importance totale des dépenses en multipliant et dispersant les demandes particulières de Crédits.

Les lois et règlements qui régissent la matière des crédits additionnels exigent que lorsque l'autorisation de dépense est sollicitée, il lui soit joint l'indication des voies et moyens pour y pourvoir. L'art. 5, loi 18 juillet 1834, dispose : « A l'avenir, toute demande de crédits faite en dehors de la loi annuelle des dépenses devra indiquer les voies et moyens qui seront affectés aux crédits demandés. »

Cette règle serait, à la vérité, fort difficile à observer, car il ne pourrait être question d'établir de nouvelles ressources temporaires. Aussi la proposition de loi tendant à obtenir les crédits ne contient-elle, en fait, que cette disposition : « Il sera pourvu à la dépense au moyen des ressources générales de l'exercice. »

§ 4. — Budgets sur ressources spéciales

Les Budgets sur ressources spéciales, qui ont complètement disparu de notre comptabilité aujourd'hui, étaient des comptes incorporés dans le Budget général qui faisaient ressortir :

1° Les recettes et dépenses départementales, en totalité.

2° Le produit et le versement des centimes additionnels communaux ;

3° Le produit et l'emploi des fonds de non-valeurs et de réimpositions.

Par cette institution, le législateur avait essayé de faire du Budget général le tableau de l'ensemble des charges contributives que le pays avait à supporter ; c'est pourquoi il y faisait figurer les deux premiers titres ci-dessus mentionnés. Mais l'énumération était incomplète, en réalité ; et le montant du Budget de l'État était indûment grossi de sommes qui, suivant l'expression de M. Stourm, traversaient le Budget de l'État sans lui appartenir. Enfin, l'unité budgétaire était rompue.

Aussi, les Budgets sur ressources spéciales créés par la loi du 2 juillet 1862 ont-ils été supprimés par la loi du 18 juillet 1892 : les articles concernant les recettes et dépenses de la commune ou du département cessent de figurer au Budget. Ceux qui concernaient le fonds de non valeurs et réimpositions sont inscrits au Budget des Ministères compétents.

§ 5. — Budgets rectificatifs

Les Budgets rectificatifs sont ceux qui, en cours d'exercice, remanient et modifient le texte primitif de la loi de finances. Un Budget rectificatif est un nouveau Budget se substituant à l'ancien.

Ils sont prévus, en ces termes, par le décret du 31 mai 1862, art. 32 : Le Budget peut être rectifié, s'il y a lieu, en cours d'exercice.

Les Budgets rectificatifs ont fonctionné en France de 1863 à 1867. Ils pourraient donner d'excellents résultats, puisque le vote des dispositions de lois est très rapproché de l'exécution des services. Malheureusement, les propositions soumises au Parlement portent généralement sur des opérations déjà effectuées, et sur des crédits déjà épuisés.

§ 6. — Crédits complémentaires

Les autorisations de recettes et de dépenses dont il a été parlé jusqu'à présent étaient données, soit par le Pouvoir Législatif, soit par l'Exécutif, mais toujours en exécution d'une disposition réglementaire.

Il reste maintenant à mentionner des dépenses qui sont effectuées en dehors de toute autorisation régulière et qui constituent ainsi une violation flagrante des principes de notre système financier : ce sont les Crédits complémentaires.

« L'emploi des Crédits complémentaires a pour but d'affranchir les Ministres de la nécessité de se munir soit de l'autorisation de la loi, soit même de l'autorisation d'un décret. » *Pandectes françaises, Finances publiques.*

« Le procédé consiste à effectuer le paiement sans ouverture de crédit, et à en ajourner la demande de régularisation jusqu'à la loi de règlement. »

Ainsi donc, lorsqu'un Ministre effectue une dépense sans y avoir été autorisé, il sollicite, après l'opération faite, l'ouverture d'un crédit d'égale somme qui porte le nom de Crédit complémentaire ; c'est une régularisation.

Il est inutile d'insister sur l'illégalité du procédé que l'on prétend, à tort, justifier par les termes de l'article 32 du décret du 31 mai 1862 : « Les opérations de régularisation postérieures à la clôture de l'exercice sont l'objet d'une proposition spéciale de la loi de règlement. »

Ce délai a d'ailleurs été abrégé par la loi du 25 janvier 1889 et placé au 30 juin de l'année qui suit celle à laquelle l'exercice donne son nom.

§ 7. — Caractère des autorisations de recettes et dépenses

De cet exposé des règles concernant ces autorisations de recette et de dépense, on peut dégager le but que le législateur s'est proposé d'atteindre et les conditions que lui paraissait devoir remplir un budget.

A. Il faut que les autorisations de dépenses et recettes soient sollicitées dans un seul et même acte, afin que les Chambres puissent juger exactement des sacrifices qui seront imposés au pays, et en rapprocher l'utilité des services auxquels pourvoient les ressources votées.

« Il est nécessaire, dit M. Léon Say, d'enfermer le Budget dans un monument dont on puisse apprécier aisément l'ordonnance et saisir d'un coup d'œil les grandes lignes. De là le principe de l'unité. » Léon Say, cité par M. Stourm.

Les Budgets extraordinaires faisaient échec à cette règle. Actuellement, les seules autorisations qui lui échappent sont les Crédits additionnels, et les Services spéciaux dont il sera ultérieurement parlé [1].

B. « Le Budget est fait pour un temps déterminé, car il faut que le contrat soit limité dans sa durée. » Le même, ibidem.

Il faut évidemment que le législateur n'abdique pas son autorité entre les mains de l'exécutif, en donnant des autorisations pour une période trop longue ; il ne faut pas non plus qu'il intervienne trop souvent, car il y aurait des pertes de temps inutiles, et le rôle de l'exécutif deviendrait nul.

On a pensé concilier ces intérêts opposés en adoptant une période d'un an.

[1] Les Budgets annexes faisant figurer seulement leur solde au Budget général (et non le détail des opérations) sont aussi une dérogation.

C. L'autorisation doit précéder la recette et la dépense. « Le Parlement se trouverait engagé malgré lui si l'exécution du Budget précédait l'assentiment qu'il a seul le droit de donner. » Le même, ibidem.

Les crédits additionnels accordés par décret, ne constituent pas à proprement parler une dérogation à la règle, puisque les Chambres ont délégué leur droit. Mais les Crédits complémentaires en sont une violation flagrante.

D. Enfin, le Budget doit, pour permettre d'en suivre les conséquences financières, constituer une personnalité comptable ; c'est-à-dire qu'on doit rattacher à la loi de finances dont elles découlent les recettes et dépenses ultérieurement effectuées : « Le Budget est voté, comme l'acte de naissance, d'une personne destinée à se mouvoir pendant toute une année. » Le même, ibidem.

A ces conditions, M. Stourm en ajoute deux également fort importantes.

Toutes les opérations de recette et de dépense doivent figurer *in extenso*.

Les évaluations doivent être aussi exactes que possible.

DEUXIÈME PARTIE

EXÉCUTION DES LOIS DE FINANCES

CHAPITRE PREMIER

DÉPENSES

§ 1. — Répartition par articles

Les dépenses sont autorisées, ainsi qu'il a été dit précédemment, par groupes appelés Chapitres. La première opération à laquelle doivent procéder les Ministres chargés de l'exécution du Budget est de subdiviser le chapitre en ses éléments constitutifs — les articles — qui représentent, en quelque sorte, l'unité de dépense.

Ainsi, pour le Budget de 1903, Ministère des Finances le chapitre « Traitement du Ministre et Personnel de l'Administration centrale du Ministère » se subdivisait en six articles :

1° Traitement du Ministre ;

2° Traitement des bureaux de l'Administration centrale du Ministère ;

3° Salaires, travaux, indemnités ;

4° Traitement des agents du matériel et du service intérieur ;

5° Salaires et indemnités des ouvriers auxiliaires et sous-agents de la dette inscrite ;

6° Gratifications.

Cette répartition par articles doit être faite avant toute dépense. Ceci résulte de l'article 60 du décret du 31 mai 1862 : « Avant de faire aucune disposition sur les Crédits ouverts pour chaque exercice, les ministres répartissent entre les divers articles les Ccédits qui leur sont alloués par chapitres. »

§ 2. — Décret de distribution mensuelle de fonds

Lorsque l'autorisation des Chambres est donnée — que la loi de finances est votée — le rôle du Pouvoir législatif dans l'emploi des deniers publics est provisoirement terminé [1] ; le Parlement n'interviendra plus que pour voter la loi de règlement du Budget. Dès après l'autorisation, la mission de l'exécutif commence.

Mais, cependant, les différents ministres n'ont pas dès alors la libre disposition des Crédits alloués pour l'exécution des services dont ils sont chargés : il leur faut encore une nouvelle autorisation,

[1] Sauf l'exception relative aux Engagements de dépenses dont il sera parlé plus loin.

donnée, cette fois, périodiquement par le Président de la République.

A cet effet, le Ministre des Finances se fait remettre tous les mois par ses collègues des autres départements ministériels un état des paiements qu'ils prévoient pour le mois suivant. Il compare les chiffres qui lui sont fournis avec les Crédits votés d'une part, avec les disponibilités du Trésor, d'autre part.

Et s'il ressort de cet examen : que la dépense est régulière, c'est-à-dire qu'elle a bien été autorisée par le Pouvoir compétent ; qu'elle est possible, c'est-à-dire que la situation de caisse suffit pour y faire face, le Ministre des Finances soumet à la signature du Président de la République un décret qui, sous le nom de *décret de distribution mensuelle de fonds*, autorise chaque membre à dépenser jusqu'à concurrence d'une somme déterminée, les Crédits votés par les Chambres.

« Chaque mois le Ministre des Finances propose au Président de la République, d'après la demande des autres ministres, la distribution des fonds dont ils peuvent disposer dans le mois suivant. » Article 61 du Décret de 1862 [1].

[1] Cette disposition paraît remonter au premier Empire. « Tous les mois, Napoléon fixait par décret la somme partielle que chaque Ministre et chaque service puiseraient au Trésor pendant le mois. Ainsi, douze fois par an, le chef du gouvernement impérial passait en revue toutes les dépenses, fixait la somme que

§ 3. — Engagement des dépenses

L'engagement de dépenses est le premier acte d'exécution du Budget ; c'est la première de cette série d'opérations qui aboutit au paiement.

Le décret de 1862 n'en parle qu'incidemment, M. Stourm le définit : « Un acte dont l'exécution implique pour le présent ou pour l'avenir, une création ou une augmentation de dépenses. »

En somme, engager une dépense, c'est prendre une disposition qui aura pour conséquence ultérieure de créer une dette à la charge de l'État : par exemple, création d'un emploi de fonctionnaire, passation d'un marché de travaux publics ou de fournitures. C'est donc, en quelque manière, souscrire une obligation au nom de l'État. Seulement,

1° Le montant exact en reste le plus souvent inconnu, car il est généralement impossible de préciser toutes les conséquences financières d'une disposition de ce genre. Ainsi, dans un des cas les plus simples, le chiffre de l'adjudication dans un marché est variable, il ne peut être prévu avec certitude dans l'engagement.

chacun emploierait le mois suivant et maintenait autant que possible la balance entre les recettes et les dépenses ; ralentissant ou pressant les paiements, augmentant ou diminuant les fonds des caisses partielles, suivant l'abondance des rentrées, l'exigence des besoins et les changements que les événements du jour pouvaient apporter. » *Histoire financière de la France*, par Bresson.

2° De plus le titulaire de la créance sur l'État est ignoré lors de l'engagement.

Dans tous les cas, il faut, pour qu'une dépense soit considérée comme engagée, qu'elle résulte naturellement et logiquement de l'acte qui constitue l'engagement. Ainsi, supposons qu'une opération, ordonnée par un Ministre, occasionne un accident et que l'État ait, de ce chef, des indemnités à payer aux victimes : ces dépenses ne pourront être juridiquement considérées comme ayant été engagées par le Ministre, bien qu'elles soient la conséquence d'un acte de son administration.

Un engagement de dépenses doit être fait en exécution d'une disposition de la loi de finances (ou d'une loi spéciale ou d'un décret portant ouverture de Crédits supplémentaires), c'est-à-dire qu'il doit être contenu implicitement dans le texte d'autorisation, en préciser seulement les formes et les conditions (par exemple, un Crédit étant ouvert pour le service du matériel d'une administration, le Ministre passera un marché, afin de se procurer les fournitures nécessaires). Autrement, l'agent qui engagerait des dépenses sans autorisation ou au delà des autorisations, serait responsable. Ceci résulte de l'article 41 du décret de 1862 qui dispose que : « Les Ministres ne peuvent, sous leur responsabilité, dépenser au delà des crédits ouverts à chacun d'eux. » L'article 42 ajoute que « le

Ministre des Finances ne peut, sous sa responsabilité, autoriser les paiements excédant les crédits ouverts à chaque Ministère. »

Or, ces textes ne sont, en réalité, applicables qu'aux engagements, car une fois la dette créée à la charge de l'État, il faut bien l'acquitter.

Un engagement de dépense est, en raison de la gravité particulière de cet acte, réservé exclusivement au Ministre compétent. Et même, dans certains cas, le droit de celui-ci est limité par des dispositions précises que lui impose l'autorité supérieure.

Ainsi :

Pour certains grands travaux publics, il faut une loi ou un décret.

La loi de finances énumère les bâtiments que le Ministre de la Marine sera autorisé à faire construire, et en fixe les types.

Les postes les plus importants de l'Administration centrale sont fixés par décrets en Conseil d'État ; et même, le nombre de certains emplois ne peut être accru que par textes législatifs.

Dans beaucoup de services, les traitements, tarifs, allocations et primes sont déterminés par des lois et décrets auxquels le Ministre doit se conformer.

Remarque. — D'après ce qui précède, on voit que

les dettes à la charge de l'État peuvent avoir différentes origines.

A. — Les unes résultent uniquement d'une disposition de loi : par exemple, l'allocation de primes à la marine marchande.

Si le Ministre intervient, c'est pour reconnaître le droit et non pour le créer.

B. — Les autres, dont le principe est autorisé par la loi, résultent cependant d'un acte d'un ministre : c'est là, proprement, l'engagement de dépenses et c'est l'origine de la classe de dettes la plus nombreuse.

C. — Enfin, certaines dettes résultent d'une cause indépendante de la volonté du législateur et des Ministres : ce sont celles qui sont engendrées par un fait engageant pécuniairement la responsabilité de l'État[1].

§ 4. — Liquidation

Lorsqu'il existe une dette à la charge de l'État, il faut, quand elle devient exigible, en déterminer exactement le montant, c'est-à-dire la liquider.

[1] La question de savoir dans quelle mesure un préjudice causé à des tiers peut donner lieu à une action contre l'État en vertu de l'art. 1382 du Code civil est très controversée. Rappelons seulement ici que d'après la doctrine généralement admise, cette responsabilité est entière quand l'État agit comme propriétaire, mais qu'il en est autrement quand il agit comme représentant de la puissance publique. Voir Laferrière, *Traité du contentieux administratif*.

La liquidation est la constatation et la fixation du montant des dettes de l'État, au moyen de pièces justificatives, dont l'énumération est fixée limitativement pour chaque département ministériel. Elle est faite par le Ministre ou ses délégués [1].

« La production des pièces de dépense ne s'effectue légalement que par l'envoi direct ou le dépôt au Ministère intéressé, ou entre les mains des ordonnateurs secondaires des comptes, factures et autres documents exigés par les règlements, marchés ou conventions. La date de cette production est constatée au moyen de l'inscription qui en est faite sur des registres tenus à cet effet aux divers ministères et par les liquidateurs et ordonnateurs de dépenses. Mention de l'enregistrement est faite sur les pièces produites. Tout créancier a le droit de se faire délivrer un bulletin énonçant la date de sa demande en liquidation, et les pièces produites à l'appui. » Règlement des finances du 26 décembre 1866, article 62.

[1] Art. 62 du décret de 1862 : « Aucune dépense ne peut être liquidée à la charge du Trésor que par l'un des Ministres ou ses délégués. »

Art. 63, même décret : « Les titres de chaque liquidation doivent offrir la preuve des droits acquis aux créanciers de l'État, et être rédigés dans les formes déterminées par les règlements spéciaux de chaque service. »

— La liquidation ne constituant pas seulement une constatation de droits, mais encore une détermination laissée à l'initiative de l'agent qui l'opère, peut être attaquée par la voie contentieuse devant le Conseil d'État.

« La constatation des droits résulte des rapports ou décomptes de liquidation, appuyés de pièces justificatives, que les chefs des services administratifs établissent par trimestre ou par mois et par créancier, pour chaque espèce de dépense, selon la nature des services et l'exigibilité des créances. Il est procédé aux liquidations de droits acquis, soit d'office, pour les créances à l'égard desquelles il existe des bases et éléments de liquidation dans les bureaux de l'Administration, soit d'après les justifications produites par les créanciers eux-mêmes, ou, dans leur intérêt par les agents administratifs et autres, intervenant à cet effet. » Même règlement, article 59.

Une grande partie des dettes de l'État résultent, soit de la nomination d'un individu à une fonction publique, soit de l'achat de marchandises (ou d'un louage de service).

De là des dispositions générales, s'appliquant les unes au personnel, les autres au matériel.

Personnel. — Voir les articles 64, 65, 66 et 67 du décret de 1862, modifié par les lois successives.

Actuellement, il est interdit, en principe, de cumuler en entier le traitement de plusieurs places, emplois ou commissions.

En cas de cumul de deux traitements, le moindre est réduit de moitié; en cas de cumul de trois traitements, le troisième est réduit au quart; et ainsi de suite en suivant cette progression.

Mais cette règle n'est pas applicable aux professeurs, gens de lettres, savants et artistes qui peuvent cumuler leurs traitements dans les limites d'un maximum de 20.000 francs.

L'article 67 du décret édicte encore toute une série d'exceptions au profit des maréchaux et amiraux, dotations allouées aux sénateurs, traitements de la Légion d'honneur, rentes viagères attribuées à la Médaille militaire, pensions de retraites pour services militaires, pensions des donataires et pensions accordées à titre de récompense nationale.

Des règles s'appliquent aux fonctionnaires qui sont en même temps députés ou sénateurs[1].

Ils n'ont droit qu'à l'indemnité et, — dans le cas où le montant de leur traitement lui serait supérieur, — à la différence entre ces deux chiffres[2].

Marchés. — Les marchés sont des contrats passés entre des particuliers d'une part, et d'autre part l'État, les communes, les départements, afin de procurer à ces personnes morales, les marchan-

[1] En principe, et sauf les exceptions prévues par les lois un mandat législatif est incompatible avec l'exercice d'une fonction publique.

[2] Les sénateurs pouvaient autrefois cumuler un traitement de fonctionnaire et leur indemnité parlementaire. C'est la loi de finances de 1903 qui leur a retiré ce privilège.

dises ou les services nécessaires à l'exécution de leurs fonctions.

« On comprend sous la dénomination générale de marchés de fournitures les contrats qui ont pour but de procurer à l'État, en vue d'un service public des matières, denrées, transports ou mains-d'œuvre...

« ... Pour qu'il y ait marché, il faut qu'il intervienne entre l'administration et le fournisseur des conventions réglées par un cahier des charges, ou tout au moins par un contrat spécial, résultant d'une adjudication ou d'un marché de gré à gré et distinct des clauses générales de la concession qui règlent les rapports du concessionnaire avec le public. » Laferrière, *Traite de Juridiction administrative et des recours contentieux.*

Par exemple, « pour l'administration de l'Enregistrement, les approvisionnements de papiers pour le timbre; pour l'administration des Contributions indirectes, le transport des objets fabriqués par les soins de cette administration; pour les différents ministères, toutes les fournitures destinées aux bureaux, le chauffage, etc.. Mais ce sont surtout les services se rattachant aux deux départements de la guerre et de la marine qui donnent lieu à des marchés d'une importance particulière. Les marchés passés par le Ministère de la Guerre pourvoient à la subsistance et à l'habillement des troupes, aux fournitures de fourrages, au service de l'Hôtel des Invalides, des lits militaires, aux transports des troupes à l'intérieur et à l'extérieur. Ils peuvent également porter sur le matériel, les armes, les munitions. Ceux qui sont passés par le département de la Marine embrassent les approvisionnements proprement dits, c'est-à-dire les munitions, matières brutes et objets ouvrés, la fourniture du matériel de l'artillerie, l'outillage des navires, les subsistances nécessaires aux corps de la marine et aux hôpitaux...» Périer, *Des Marchés de fournitures*.

La matière des marchés est régie, en ce qui concerne l'État, par les articles 68 à 81 du décret du 31 mai 1862, et par le décret du 18 novembre 1882. Voici les principales dispositions édictées par ces textes :

I. — Les marchés sont passés, c'est-à-dire conclus, en principe, par le Ministre compétent — qui représente l'Etat. Toutefois, si les services auxquels il s'agit de pourvoir ne concernent qu'une portion du territoire, le marché peut être passé par le chef du service de la région, sur délégation du Ministre et sauf approbation de celui-ci (le Ministre peut, dans certains cas, déléguer entièrement son droit).

Par exemple une fourniture de lits militaires doit être passée par le Ministre, car elle intéresse l'ensemble du territoire; au contraire, au marché pour fournitures d'un port de mer peut être passé par un agent délégué (Voir Périer).

La décision du Ministre portant approbation ou refus, est un acte de pure administration qui ne peut être attaqué par la voie contentieuse.

II. — Les marchés sont faits avec publicité et concurrence, en principe, c'est-à-dire sur adjudication publique (art. 68 du décret de 1862).

« L'avis des adjudications à passer, dit l'art. 2 du décret du 8 mars 1882, est publié, sauf les cas d'urgence, au moins 20 jours à l'avance, par la voie des affiches et par tous les moyens de publicité (par exemple, insertions dans les journaux) ; cet avis fait connaître : 1° le lieu où l'on peut prendre connaissance du cahier des charges ; 2° les autorités chargées de procéder à l'adjudication ; 3° le lieu, le jour et l'heure fixés pour l'adjudication. Il est procédé à l'adjudication en séance publique.

Ces formalités ont pour objet d'assurer à l'État la conclusion du contrat aux conditions les plus avantageuses, et de garantir l'entière et parfaite honnêteté des conventions. « Cette forme de marché sauvegarde la dignité des administrateurs en écartant jusqu'au soupçon qui pourrait les atteindre. » Simonet, *Traité de droit administratif*.

L'inobservation de ces formalités peut entraîner

la nullité du contrat (la question ne paraît pas nettement tranchée lorsqu'il n'y a pas préjudice, ou que l'adjudicataire n'est pas collusionnaire), mais surtout elle engage la responsabilité ministérielle.

Dans certains cas exceptionnels les marchés de gré à gré sont autorisés[1].

[1] « Il peut être passé des marchés de gré à gré. »

1° Pour les fournitures, transports et travaux dont la dépense totale n'excède pas 20.000 francs, ou s'il s'agit d'un marché passé pour plusieurs années, dont la dépense annuelle n'excède pas 5.000 francs. — 2° Pour toute espèce de fournitures, de transports ou de travaux, lorsque les circonstances exigent que les opérations du Gouvernement soient tenues secrètes ; ces marchés doivent, préalablement, avoir été autorisés par le Président de la République, sur un rapport spécial du Ministre compétent. — 3° Pour les objets dont la fabrication est exclusivement attribuée à des porteurs de brevets d'inventions. — 4° Pour les objets qui n'auraient qu'un possesseur unique. — 5° Pour les ouvrages et objets d'art et de précision dont l'exécution ne peut être confiée qu'à des artistes ou industriels éprouvés. — 6° Pour les travaux, exploitations, fabrications et fournitures qui ne sont faits qu'à titre d'essai ou d'étude. — 7° Pour les travaux que des nécessités de sécurité publique empêchent de faire exécuter par voie d'adjudication. — 8° Pour les objets, matières et denrées qui, à raison de leur nature particulière et de la spécialité de l'emploi auquel ils sont destinés, doivent être achetés et choisis aux lieux de production. — 9° Pour les fournitures, transports ou travaux qui n'ont été l'objet d'aucune offre aux adjudications, ou à l'égard desquels, il n'a été proposé que des prix inacceptables : toutefois, lorsque l'administration a cru devoir arrêter et faire connaître un maximum de prix, elle ne doit pas dépasser ce maximum. — 10° Pour les fournitures, transports ou travaux, qui, dans le cas d'urgence évidente amenée par des circonstances imprévues, ne peuvent pas subir les délais des adjudications. — 11° Pour les fournitures, transports ou travaux que l'administration doit faire exécuter au lieu et place des adjudicataires défaillants et à leurs risques et périls. — 12° Pour les affrètements et pour les assurances sur les chargements qui s'ensuivent. — 13° Pour les transports confiés aux administrations de chemins de fer. — 14° Pour les achats de tabac et de salpêtres indigènes dont le mode est réglé par une

Enfin l'article 28 du décret de 1882 dispose que : « A partir de l'ordre de mobilisation, les dispositions du présent décret cessent d'être obligatoires pour les Ministres de la Guerre et de la Marine. »

III. — En principe, toute personne, fût-elle de nationalité étrangère, peut se porter adjudicataire ; cette disposition libérale a même été étendue, par le décret du 4 juin 1888, aux sociétés d'ouvriers français régulièrement constituées. Toutefois « il est interdit aux comptables de prendre intérêt dans les adjudications, marchés, fournitures et travaux concernant les services de dépenses ou de recettes qu'ils effectuent ». Art. 19, décret 31 mai, 1862. Il faut ajouter que le cahier des charges peut introduire des clauses restrictives, ayant pour effet d'exclure certains individus ; par exemple à raison de leur moralité.

Dans tous les cas, les soumissionnaires doivent justifier de leur capacité professionnelle et de leur solvabilité.

« Les adjudications publiques relatives à des fournitures, travaux, transports, exploitations ou fabrications qui ne peuvent être, sans inconvénient, livrés à une concurrence illimitée, sont soumises à des restrictions permettant de n'admettre que les

législation spéciale. — 15° Pour les transports de fonds du Trésor. Art. 69 du décret du 31 mai 1862 et 18 du décret du 18 novembre 1882.

soumissions qui émanent de personnes reconnues capables par l'Administration, au vu des titres exigés par le cahier des charges, et préalablement à l'ouverture des plis renfermant les soumissions. » Art. 71 du décret de 1862.

En ce qui concerne leur solvabilité, ils doivent verser un cautionnement. Le cahier des charges peut également stipuler d'autres garanties, telles que cautions, hypothèques. Voir article 73 du décret du 31 mai 1864, reproduisant les articles 4 et 5 du décret du 18 novembre 1882[1].

[1] Voici le texte de l'art. 13 du décret de 1862 :

« Les cahiers des charges déterminent l'importance des garanties pécuniaires à produire. — Par les soumissionnaires, à titre de cautionnements provisoires, pour être admis aux adjudications : — Par les adjudicataires, à titre de cautionnements définitifs, pour répondre de leurs engagements.

Les cahiers des charges peuvent, s'il y a lieu, dispenser de l'obligation de déposer un cautionnement provisoire ou définitif. Ils peuvent disposer que le cautionnement réalisé avant l'adjudication à titre provisoire, servira de cautionnement définitif.

Les cahiers des charges déterminent les autres garanties, telles que cautions personnelles et solidaires, affectations hypothécaires, dépôts de matières dans les magasins de l'État, qui peuvent être demandées, à titre exceptionnel, aux fournisseurs et entrepreneurs, pour assurer l'exécution de leurs engagements. Ils déterminent l'action que l'administration peut exercer sur ces garanties.

Les garanties pécuniaires peuvent consister, au choix des soumissionnaires et adjudicataires : 1° En numéraire. 2° En rentes sur l'État et valeurs du Trésor au porteur. 3° En rentes sur l'État nominatives ou mixtes. Les valeurs du Trésor, transmissibles par voie d'endossement, endossées en blanc, sont considérées comme valeurs au porteur.....

..... Les cautionnements, quelle qu'en soit la nature, sont reçus par la Caisse des Dépôts et Consignations ou par ses préposés ; ils sont soumis aux règlements spéciaux à cet établissement.....

La Caisse des Dépôts et Consignations restitue les cautionne-

IV. — Le contentieux des marchés de fournitures, c'est-à-dire les contestations auxquelles ils donnent lieu, relève du Conseil d'État (art. 14, décret du 21 juin 1806), statuant en premier et dernier ressort.

Exceptionnellement (sans doute dans un but de décentralisation) les Conseils de Préfecture sont compétents pour connaître des marchés de travaux publics et des traités relatifs au service des prisons.

(Bien entendu, si l'État n'a pas traité dans les formes spéciales aux marchés administratifs, le pouvoir judiciaire reste compétent selon les règles ordinaires du droit commun.)

V. — Les cahiers des charges stipulent le plus souvent que si l'adjudicataire manque à ses enga-

ments provisoires au vu de la mainlevée donnée par le fonctionnaire chargé de l'adjudication, ou d'office aussitôt après la réalisation du cautionnement définitif de l'adjudicataire.

Les cautionnements définitifs ne peuvent être restitués, en totalité ou en partie, qu'en vertu d'une mainlevée donnée par le Ministre ou le fonctionnaire délégué à cet effet.

Sont acquis à l'État, d'après le mode déterminé à l'article suivant, les cautionnements provisoires des soumissionnaires qui, déclarés adjudicataires, n'ont pas réalisé leurs cautionnements définitifs dans les délais fixés par des cahiers des charges.

L'application des cautionnements définitifs à l'extinction des débats liquidés par les Ministres compétents a lieu aux poursuites et diligences de l'agent judiciaire du Trésor public en vertu d'une contrainte délivrée par le Ministre des Finances. »

— Les sociétés d'ouvriers sont dispensées du cautionnement, lorsque le montant des travaux n'excède pas 50.000 francs. Art. 4, décret du 4 juin 1888.

gements, il y sera pourvu en son lieu et place, et à ses frais.

De plus, l'art. 430 du Code pénal dispose : « Tous individus chargés de fournitures, entreprises ou régies pour le compte des armées de terre et de mer, qui, sans y avoir été contraints par une force majeure, auront fait manquer le service dont ils sont chargés, seront punis de la peine de réclusion et d'une amende qui ne pourra excéder le quart des dommages et intérêts, ni être au-dessous de 500 francs, le tout sans préjudice de peines plus fortes en cas d'intelligence avec l'ennemi. »

§ 5. — Ordonnancement

Lorsqu'une dette a été liquidée à la charge de l'État, le comptable n'effectue le paiement entre les mains du créancier que sur le vu d'un titre délivré par un agent appelé *ordonnateur*, titre qui sous le nom d'*ordonnance* ou *mandat* constate le droit du créancier et fait injonction de lui verser le montant de la somme dont l'État lui est redevable.

Le droit du créancier résulte bien d'un acte antérieur (par exemple, sa nomination à un poste de fonctionnaire, s'il s'agit de toucher son traitement), mais il ne peut exercer son droit — c'est-à-dire obtenir paiement — que grâce à la formalité de l'ordonnancement. On peut donc comparer, en quelque manière, l'ordonnance à la formule exécutoire sur les actes entre particuliers, grâce à laquelle l'exécution des obligations peut être obtenue ; l'obligation devient exigible.

Aucune formalité, les textes sont formels en ce sens, ne peut suppléer à l'action de l'ordonnateur : « Aucune dépense faite pour le compte de l'État, dit l'article 82 du décret du 21 mai 1862, ne peut être acquittée, si elle n'a été préalablement ordonnancée directement par le Ministre ou mandatée par les ordonnateurs secondaires en vertu d'une délégation ministérielle. »

L'ordonnance se définit donc : une injonction de payer faite au comptable, en vue d'acquitter une dépense ; c'est l'acte de disposition d'un crédit. L'ordonnance est le titre qui constate cette opération, elle est délivrée par des agents appelés « Ordonnateurs ».

Seul le Ministre peut disposer des crédits affectés à son département ; les ordonnances qu'il émet sont appelées *Ordonnances directes* [1].

[1] Elles sont ainsi libellées : En vertu des lois ci-dessus relatées et des crédits de distribution accordés jusqu'à ce jour par décrets du Président de la République, le Trésor public paiera au titulaire de créance et pour les motifs ci-après indiqués la somme dont le détail suit. (Suit un tableau présentant le nom du département, le titulaire de la créance, l'objet du paiement, la somme à payer, l'indication des pièces justificatives jointes à ordonnance.)

Mais il peut déléguer son droit à des agents subordonnés (dont l'énumération est fixée limitativement par la loi), appelés ordonnateurs secondaires ;

Le titre qui constate la délégation est l'*Ordonnance de délégation*[1].

Le titre qui constate la disposition d'un crédit par un ordonnateur secondaire s'appelle *mandat*.

« Toute ordonnance, dit l'article 11 du décret de 1862, énonce l'exercice, le crédit, ainsi que, s'il y a lieu, les articles auxquels la dépense s'applique. »

Cette disposition permet de vérifier, si les crédits d'un exercice n'ont pas été appliqués aux dépenses d'un autre exercice, si la dépense était bien autorisée, si les crédits n'ont pas été dépassés.

Ailleurs, l'article 83 de ce même décret dispose : « Toute ordonnance ministérielle doit, pour être admise au Trésor, porter sur un crédit régulièrement ouvert, et se renfermer dans les limites des distributions mensuelles de fonds. »

La vérification est faite au Ministère des Finances.

[1] Ainsi libellées : En vertu des lois ci-dessus relatées et des crédits de distribution accordés jusqu'à ce jour par décrets du Président de la République, le Trésor public paiera sur mandats des ordonnateurs secondaires, et pour les motifs ci-après indiqués, la somme dont le détail suit. (Suit un tableau présentant les titulaires des crédits de délégation, l'objet des crédits, le montant des crédits.)

A cet effet, « les ordonnances revêtues de la signature du Ministre qui les a émises sont adressées au Ministère des Finances (Direction du Mouvement général des fonds) qui vérifie si elles ne dépassent pas les crédits régulièrement ouverts et prend les mesures pour alimenter les caisses sur lesquelles la dépense est assignée payable[1]. »

Si l'examen fait ressortir que la dépense est régulière, l'Ordonnance est visée.

Remarque. — I. L'ordonnance une fois visée doit être adressée à la Direction générale de la Comptabilité publique, si la dépense est faite par un Trésorier-Payeur général; — si elle est faite par le Caissier-Payeur central, l'ordonnance est jointe purement et simplement à la Comptabilité de celui-ci.

II. L'ordonnance doit spécifier s'il s'agit d'un paiement pour acompte ou pour libération intégrale.

[1] « Le Ministre des Finances ne peut, sous sa responsabilité, autoriser les paiements excédant les crédits ouverts à chaque Ministère. » Art. 42 du décret du 31 mai 1862.

« Le Ministre des Finances pourvoit à ce que toute ordonnance et tout mandat de paiement, qui n'excèdent pas la limite du crédit sur lequel ils doivent être imputés, soient acquittés dans les délais et dans les lieux déterminés par l'ordonnateur. » Art. 90, même décret.

« Toute ordonnance, pour être admise par le Ministre des Finances, doit porter sur un crédit régulièrement ouvert, et se renfermer dans les limites des distributions mensuelles de fonds. » Art. 83, même décret,

§ 6. — Paiement

Le paiement s'entend de la remise matérielle d'espèces, faite par les agents comptables[1] aux créanciers de l'État. C'est cette opération qui, suivant les principes généraux du Droit, éteint les dettes et obligations.

La dette de l'État a sa cause dans l'exécution d'un service, autorisé par une disposition de la loi de finances (ou d'une loi spéciale), et engagé par l'autorité compétente[2] ; son montant exact a été déterminé par une liquidation ; l'exigibilité résulte de l'ordonnancement. Le montant de la dépense doit, d'ailleurs, se limiter au chiffre du crédit inscrit, et au chiffre fixé par le décret de distribution mensuelle de fonds.

Avant qu'il soit procédé au paiement, les agents chargés d'acquitter la dette doivent se faire rapporter la preuve que ces différentes opérations ont été effectuées[3].

[1] Le Caissier Payeur central à Paris ; les Trésoriers Payeurs généraux en province. Le paiement est fait, soit par ces agents, soit, sous leur responsabilité, par les Receveurs particuliers ou Percepteurs de leurs circonscriptions.

[2] Il est évident que si la dette a pour cause la responsabilité civile de l'État, il ne peut être question, ni d'autorisation, ni d'engagement.

[3] C'est ce qui exprime d'une façon un peu concise l'art. 10 du décret de 1802 : « Aucun paiement ne peut être fait qu'au véritable créancier justifiant de ses droits et pour l'acquittement à un service fait. »

Ils sont, d'ailleurs, responsables de la validité et de la régularité du paiement : c'est l'application de la maxime « Qui paie mal, paie deux fois. »

A la vérité, une partie de cette examen est faite au Ministère des Finances, par la Direction du Mouvement général des fonds. Il vient d'être dit, en effet, que toute ordonnance doit être visée, et que le visa n'est apposé qu'après un contrôle à l'effet de constater si la dépense est autorisée, et si son montant n'excède ni les crédits ouverts, ni le décret de distribution mensuelle de fonds.

Ceci résulte de l'article 83 du décret du 31 mai 1862 : « Toute ordonnance pour être admise (c'est-à-dire visée) par le Ministre des Finances, doit porter sur un crédit régulièrement ouvert, et se renfermer dans les limites des distributions mensuelles de fonds. »

(Mais, pour les mandats délivrés par les ordonnateurs secondaires, le comptable doit s'assurer que leur montant total n'excède pas les ordonnances de délégation.)

D'autre part, le comptable doit se faire rapporter la preuve de l'exécution du service dont le créancier réclame le paiement, — de l'existence de la cause de la dette, en un mot.

La justification du service fait résulte de la production d'un certain nombre de pièces : par exemple états effectifs ou états nominatifs énonçant le grade ou l'emploi, le service fait la somme due, en vertu des lois[1].

[1] Art. 85, 87, 88 du décret du 31 mai 1862 :

Art. 85 : « Les Ministres des divers départements joignent aux ordonnances directes qu'ils délivrent, les pièces justificatives des créances ordonnancées sur le Trésor, et les ordonnateurs les annexent aux bordereaux d'émission de mandats qu'ils adressent aux Trésoriers payeurs généraux ; ces pièces sont retenues par les Trésoriers payeurs généraux qui doivent procéder immédiatement à leur vérification et en suivre, s'il y a lieu, la régularisation près les ordonnateurs.....

Art. 87 : « Tout extrait d'ordonnance de paiement et tout mandat résultant d'une ordonnance de délégation doivent, pour être payées à l'une des caisses du Trésor public, être appuyées de pièces qui constatent que leur effet est d'acquitter en tout ou en partie, une dette de l'État régulièrement justifiée.

Art. 88 : « Les pièces justificatives mentionnées aux art. 85 et 87 sont déterminées par nature de service dans les nomenclatures arrêtées de concert entre le Ministre des Finances et les Ministres ordonnateurs, et d'après les bases suivantes :

POUR LES DÉPENSES DU PERSONNEL

Solde, traitement, salaires, indemnités, vacations et secours.

Etats d'effectifs ou états nominatifs énonçant :

Le grade ou l'emploi ;

La position de présence ou d'absence ;

Le service fait ;

La durée du service ;

La somme due en vertu des lois, règlements et décisions.

POUR LES DÉPENSES DU MATÉRIEL

Achats et loyers d'immeubles, d'effets mobiliers ;

Achats de denrées et matières ;

Travaux de constructions, d'entretien et de réparation de bâtiments, de fortifications, de routes, de ponts, de canaux ;

Travaux de confection d'entretien et de réparation d'effets mobiliers.

1° Copies ou extraits dûment certifiés des décrets ou décisions ministérielles, des contrats de vente, soumissions et procès-verbaux d'adjudication, des baux, conventions et marchés.

2° Décompte de livraisons, de règlement et de liquidation énonçant le service fait et la somme due pour acompte ou pour solde. »

Enfin, le comptable doit s'assurer de l'identité du créancier, et de sa capacité de recevoir un paiement (cas des oppositions, par exemple). En d'autres termes, il doit apprécier, sous la responsabilité, la *validité de la quittance.*

Refus de paiement. — Lorsque toutes les conditions nécessaires à la validité et à la régularité de la dépense ne sont pas réunies, le paiement ne peut être effectué.

Le refus de paiement opposé par l'agent comptable, peut être basé ;

1° Sur l'absence ou l'insuffisance de crédits, ou de disponibilités ;

2° Sur l'insuffisance de preuves de l'identité du créancier ;

3° Sur défaut de justification du service fait ;

4° Sur l'omission ou l'irrégularité dans les pièces produites.

« Il y a irrégularité matérielle toutes les fois que les indications de noms de service ou de sommes portées dans l'ordonnance ou le mandat, ne sont pas d'accord avec celles qui résultent des pièces justificatives y annexées, ou lorsque ces pièces ne sont pas conformes aux règlements. » Article 31, § 2 du décret du 31 mai 1862.

Droit de réquisition. — La nécessité d'assurer la marche des services publics exige cependant, dans certains cas, qu'un créancier de l'Etat obtienne paiement, bien que sa créance ne réunisse pas toutes les conditions exigées : c'est à l'ordonnateur d'apprécier, si la gravité des circonstances justifie cette violation des lois et règlements et de *requérir, sous sa responsabilité*, l'agent comptable d'effectuer le paiement. Il exerce alors un *droit de réquisition*, droit qui, d'ailleurs, ne lui est pas accordé sans restriction et qui cesse de lui appartenir dans certains cas : Absence, ou insuffisance de crédits ou de disponibilité, défaut de justification du service fait, ou doute sur la validité de la quittance.

En définitive, le droit de réquisition ne peut être exercé — c'est-à-dire que le paiement ne peut être exigé, malgré le refus de l'ordonnateur — que dans un seul et unique cas — celui de l'omission ou de l'irrégularité des pièces produites. Tout ceci est exprimé, quoique avec un peu d'obscurité, dans le décret du 31 mai 1862 :

Art. 91 : « Les payeurs ne peuvent suspendre un paiement assigné sur leur caisse que s'ils reconnaissent qu'il y a omission ou irrégularité matérielle dans les pièces produites ou dans les cas spécifiés au dernier paragraphe du présent article.

« Il y a irrégularité matérielle toutes les fois que les indications de noms, de service ou de somme portées dans l'ordonnance ou le mandat ne sont pas d'accord avec celles qui résultent des pièces justificatives y annexées, ou lorsque ces pièces ne sont pas conformes aux règlements.

« En cas de refus de paiement, le payeur est tenu d'en remettre immédiatement la déclaration écrite et motivée au porteur de l'ordonnance ou du mandat, et il en adresse copie le jour même au Ministre des Finances. Si, malgré cette déclaration, l'ordonnateur requiert par écrit et sous sa responsabilité, qu'il soit passé outre au paiement, le payeur y procède sans autre délai et il annexe à l'ordonnance ou au mandat, avec une copie de sa déclaration, l'original de l'acte de réquisition qu'il a reçu. Il est tenu d'en rendre compte immédiatement au Ministre des Finances.

« S'il se produisait des réquisitions qui eussent pour effet, soit de faire acquitter une dépense sans qu'il y eut disponibilité de crédit chez le payeur ou justification du service fait, soit de faire effectuer un paiement suspendu pour des motifs touchant à la validité de la quittance, le comptable, avant d'y obtempérer, devrait en référer au Ministre des Finances, qui se concerterait immédiatement avec le Ministre du département auquel appartient la dépense. »

— Enfin, des dispositions particulières s'appliquent au paiement de la solde et aux dépenses des armées actives sur le pied de guerre. (Voir les articles 92 et 93 du décret.)

Formalités du paiement. — L'acte de disposition du crédit en faveur d'un créancier — c'est-à-dire l'établissement de l'ordonnance — doit être notifié à l'agent comptable chargé d'effectuer le paiement et à la partie intéressée qui doit en toucher le prix.

A cet effet « les ordonnances de paiement et de délégation payables dans les départements, sont accompagnées d'extraits ou avis spéciaux destinés aux Trésoriers-Payeurs généraux[1] ». Article 81 du Règlement de finances.

Ces titres avisent les agents comptables de la dépense qu'ils auront à acquitter.

De plus, « des lettres d'avis de l'expédition des ordonnances contenant extrait de ces ordonnances et en tenant lieu sont délivrées, en ce qui concerne les ordonnances de paiement, aux titulaires de créances, pour les accréditer auprès des agents comptables du Trésor public sur la caisse desquels les paiements sont assignés ». Article 82, même texte.

« Les ordonnateurs demeurent chargés sous leur responsabilité de la remise aux ayants droit des lettres d'avis et extraits d'ordonnances. » Article 86 du décret de 1862.

Les lettres d'avis sont délivrées aux titulaires sur justification de leur identité, ou à leurs représen-

[1] Ces lettres sont envoyées tous les dix jours en province, — tous les jours aux comptables de la Seine.

tants sur production de pouvoirs réguliers. (Voir art. 83 du Règlement de 1866.)

Ces titres font connaître aux intéressés qu'ils peuvent toucher le montant de leur créance.

Remarque. — Lorsqu'il s'agit d'un paiement non plus sur ordonnance directe, mais sur mandat, les formalités sont un peu différentes :

Les extraits ou avis spéciaux sont toujours adressés aux Trésoriers-Payeurs généraux, « mais les lettres d'avis sont envoyées aux ordonnateurs secondaires », pour leur faire connaître les crédits mis à leur disposition par le Ministre. Et « ces lettres d'avis constituent le titre en vertu duquel ils disposent des crédits ministériels qui leur sont ouverts ». Règlement de 1866, art. 84.

Quant aux créanciers intéressés, ils sont avisés par la remise qui leur est faite du mandat de paiement.

« Les ordonnateurs secondaires demeurent chargés, sous leur responsabilité, de la remise aux ayants droit des mandats qu'ils délivrent sur les caisses du Trésor. » Art. 86 du décret de 1862.

« Ils ne doivent opérer la remise d'aucun de leurs mandats qu'après avoir reconnu l'individualité des ayants droit ; — ou la régularité des pouvoirs de leurs représentants. » Art. 92 du règlement de 1866.

En outre, les Trésoriers-Payeurs généraux, déjà informés de l'existence de l'ordonnance de délégation par l'envoi de la lettre d'avis, doivent être encore avisés de l'émission des mandats de paiement, afin de tenir des fonds disponibles.

A cet effet « les ordonnateurs secondaires sont tenus d'adresser chaque soir aux Trésoriers-Payeurs généraux, des bordereaux des mandats qu'ils ont délivrés sur leurs caisses pendant la journée. Les mandats ne doivent être remis aux parties prenantes qu'après avoir été visés par le Trésorier-Payeur général ». Art. 93, du règlement de 1866.

§ 7. — Paiements exceptionnels

Les principes de droit commun qui ont été exposés ci-dessus ne s'appliquent pas dans tous les cas : certaines opérations de paiement s'effectuent suivant des règles spéciales, échappant ainsi à la réglementation ordinaire.

1. Exceptions au principe : « Aucun paiement ne peut être effectué... que pour l'acquittement d'un service fait. »

1° Art. 10 du décret du 31 mai 1862 : « Les marchés de gré à gré passés par le Ministre de l'Instruction publique pour la construction des instruments astronomiques et de précision, peuvent stipuler en faveur des constructeurs des avances de fonds qui ne doivent jamais excéder le tiers du montant total de la dépense.

« Les marchés contenant des stipulations de ce genre doivent préalablement être soumis au Ministre des Finances et la date de l'autorisation de ce dernier doit être expressément mentionnée dans lesdits marchés. »

Cette disposition s'explique par le prix élevé des fournitures en question ; de plus elles ne sont guère exécutées que sur commande, les travaux sont longs ; en sorte que les fabricants sont obligés de faire des dépenses qui, s'ils n'en étaient couverts qu'au moment de la livraison, pourraient leur être trop onéreuses. De là, cette faculté de se faire consentir des avances, qui résulte du décret du 23 septembre 1876.

2° Services régis par économie. — Lorsque l'exécution d'un service comporte un grand nombre de dépenses peu importantes, il peut être fait, à l'agent qui est chargé de les effectuer, des avances qui, en principe, n'excèdent pas 20.000 francs (ou dans les cas exceptionnels 35.000 francs), à la condition d'en justifier l'emploi dans un délai de 30 jours (délai qui dans certains cas est porté à 45 jours). — Un décret du 10 décembre 1880 a porté à 100.000 francs en Algérie le maximum pour les acquisitions de chevaux.

Ces services sont dits *régis par économie* ; il faut, pour les désigner une disposition réglementaire émanant du Ministre compétent. Ce texte fait connaître quels sont les services qui doivent être régis par économie (la liste en est donnée dans une nomenclature), soit temporairement, soit d'une façon permanente.

Art. 94 du décret du 31 mai 1862 : « Pour faciliter l'exploitation des services administratifs régis par économie, il peut être fait aux agents spéciaux de ces services, sur les ordonnances des Ministres ou sur les mandats des ordonnateurs secondaires, des avances dont le total ne doit pas excéder 20.000 francs, à la charge pour eux de produire aux payeurs, dans le délai d'un mois, les pièces justificatives. »

Voici, à titre d'exemple, quelques services régis par économie.

Confection des rôles des Contributions directes.

Dépense de construction et d'entretien des lignes télégraphiques.

Dépenses de vivres.... de fourrages....d'hôpitaux.

3° Acomptes. — Dans certains cas, on n'attend pas qu'un service soit complètement terminé, et que la dette soit intégralement liquidée, pour en effectuer le règlement : on en paie la fraction qui représente la portion achevée, c'est-à-dire que l'on procède à un paiement d'acompte aux conditions suivantes :

Art. 13 du décret du 31 mai 1862 : « Aucun marché, aucune convention pour travaux et fournitures ne doit stipuler d'acompte que pour un service fait.

« Les acomptes ne doivent pas excéder les cinq sixièmes des droits constatés par les pièces régulières présentant le décompte du service fait, à moins que des règlements spéciaux n'aient exceptionnellement déterminé une autre limite. »

II. Exceptions au principe : « Aucun paiement ne peut être fait qu'au véritable créancier justifiant de ses droits. »

1° Fonds secrets. — Il est alloué aux quatre Ministères de la Marine, de la Guerre, des Affaires étrangères et de l'Intérieur des sommes appelées fonds secrets, dont les Ministres placés à la tête de chacun de ces départements ont la libre disposition, sans être astreints à l'obligation d'en justifier l'emploi devant le juge des comptes.

Les fonds secrets étant, en effet, destinés à pourvoir aux besoins du service des renseignements extérieurs, ou de la sûreté générale (en ce qui concerne le Ministère de l'Intérieur), il ne pouvait être question d'exiger la production de pièces justifiant des opérations que l'on a tout intérêt à cacher.

L'emploi des fonds secrets est, en conséquence,

approuvé tout simplement par décret du Président de la République.

2° En cas de guerre, les principes de la comptabilité publique s'imposent avec moins de rigueur et cèdent devant les exigences de la situation.

Ainsi, pendant la guerre de 1870, une circulaire ministérielle autorisa les comptables à acquitter des dépenses, même en l'absence de crédits ouverts et des pièces justificatives, sur simples réquisitions du préfet.

3° Dépenses parlementaires. — Les dépenses de la Chambre des députés et celles du Sénat échappent également aux principes du droit commun, en ce sens qu'elles sont faites par un comptable particulier pour chacune des assemblées.

Ce comptable présente ses comptes à une commission de comptabilité qui fait un rapport à la Chambre qui l'a élue. (Pour plus de détails, voir le règlement du Sénat, et celui de la Chambre des députés.)

Traites de la marine. — Les principes de la comptabilité publique ne peuvent pas s'appliquer dans toute leur rigueur, aux dépenses, faites à l'étranger, par les commandants des navires de guerre : les comptables coloniaux, auxquels ils remettent un titre analogue à une ordonnance, peuvent ne pas avoir de fonds disponibles en quantité suffisante [1]; dans certains pays il n'y a pas même de comptable. De là, une réglementation spéciale des paiements faits dans ces conditions exceptionnelles. Dans le cas où il n'y a pas de comptable colonial, le commandant du bord acquitte les dépenses, soit en remettant aux fournisseurs une obligation souscrite à leur profit et au nom du Trésor public, soit en empruntant les fonds nécessaires au paiement, à des bailleurs au profit desquels il souscrit encore une obligation payable par le Trésor.

Dans le cas où il y a un comptable colonial, c'est cet agent qui souscrit l'obligation et qui remet les fonds au commandant du bord, pour lui permettre d'acquitter directement ses dépenses.

Ces obligations sont dénommées Traites de la Marine; elles sont à un mois de vue et payables à Paris à la Caisse du Caissier payeur central, après qu'un agent du Ministère de la Marine les a revêtues d'un « vu bon à payer [2] ».

[1] Dans tous les cas, ils n'ont pas de crédits ouverts.

[2] Cet agent est appelé agent comptable des Traites de la Marine.

Il revêt les traites du « Vu bon à payer », lorsque le Ministre de la Marine les a *acceptées*, c'est-à-dire qu'il a reçu et vérifié les pièces justifiant le service fait et la régularité de l'émission de la traite. Le Ministre de la Marine délivre alors une ordonnance de régularisation. Le plus souvent d'ailleurs ces opérations sont faites avant que les pièces soient réellement arrivées. Voir art. 100 du décret de 1862.

Les traites de la marine ne peuvent être émises qu'en vue du paiement des « dépenses faites à l'extérieur, au compte du service *marine*, pour les besoins des bâtiments de guerre, pour la solde et l'entretien des troupes détachées dans les colonies et pour le rapatriement des marins naufragés ». Art. 95 du décret du 31 mai 1862.

De plus, « il ne doit être émis de traites qu'après la liquidation des dépenses. — Toute traite qui serait reconnue avoir été tirée par anticipation, ou dont le chiffre aurait excédé le montant de la dépense liquidée motive contre le tireur une action en remboursement avec dommages et intérêts. » Art. 99.

Voici quelles sont, aux termes de l'art. 95 du décret de 1862, modifié par le règlement du Ministère de la Marine et des Colonies du 14 janvier 1869, et par la circulaire du 9 août 1865, les formalités de l'émission.

« Les traites ne peuvent être émises que hors du territoire de la métropole.

« 1° Dans les colonies, par le Trésorier colonial avec l'attache du Gouverneur, du commissaire de la marine remplissant les fonctions d'ordonnateur, et du commissaire ou sous-commissaire chargé du contrôle.

« 2° Dans les pays étrangers, pour les dépenses des bâtiments de guerre par le capitaine, l'officier chargé du détail et l'officier d'administration : la signature de ces trois personnes est nécessaire pour valider lesdites traites. — Lorsque les bâtiments sont réunis en escadre ou en division, les traites sont tirées par le commandant en chef et par le commissaire de l'escadre ou de la division. — Lorsqu'il n'existe point d'officier du commissariat à bord d'un bâtiment, mais que l'État-major de ce bâtiment est composé de trois officiers au moins, les traites sont émises par le capitaine, l'officier chargé du détail et l'officier désigné pour seconder le capitaine dans le service d'administration.

« Art. 95 *bis*... Lorsqu'à raison des circonstances, le Ministère des Finances entretient des comptables sur les points où la Marine a des dépenses à acquitter en traites, ces traites peuvent leur être remises en contre-valeur du numéraire par eux fourni ; elles sont délivrées en ce cas, soit à leur ordre, soit à l'ordre du Caissier-Payeur central du Trésor public ».

Enfin, il faut prévoir le cas où par suite des fluctuations des cours du change, il y a une perte ou un bénéfice pour le Trésor public : les créanciers, à qui l'on fait un paiement, doivent recevoir une certaine quantité de leur monnaie nationale égale au montant de la dette que l'on acquitte. D'autre part la traite est libellée en monnaie française ; or, pour passer d'un système monétaire à l'autre, on calcule le prix de la monnaie étrangère en monnaie française d'après la valeur théorique du lingot du métal. Mais le cours du change dépend de bien d'autres causes, en sorte que le calcul se trouve faussé. Pour le rectifier, si l'opération fait ressortir un bénéfice, on tire une nouvelle traite d'un montant égal à la différence, à l'ordre du Caissier payeur central. Si au contraire l'opération fait ressortir une perte, le montant de la traite doit être calculé de façon à couvrir la totalité de la dépense; seulement, dans la comptabilité de la marine, on fait ressortir distinctement : 1° le montant de la dépense calculé d'après un change fictif et en tenant compte uniquement du prix du lingot; 2° le montant de la dépense supplémentaire qu'il a fallu faire pour compenser la différence entre ce change fictif et le change réel [1].

[1] Supposons, pour éclaircir cet exposé de principes par un exemple, qu'un commandant ait à acquitter en Angleterre une dépense de 1 livre sterling et que le cours du change s'inscrive à 25 fr. 12.

Au pair des monnaies, la livre sterling vaut, 25 fr. 22. Donc il tirera une traite de 25 fr. 22, mais il se libérera en remettant 25 fr. 12 (ou une livre à son créancier); et pour justifier des 0 fr. 10 représentant la différence entre le change théorique et le change réel, il établira une nouvelle traite de 0 fr. 10 — laquelle ne correspond pas à une dépense, mais au bénéfice résultant des cours; ce bénéfice figure en recettes au « Produits divers du Budget ».

Inversement, si le change était coté, par exemple 25 fr. 30 le commandant aurait tiré une traite de 25 fr. 30. Seulement, une somme de 25 fr. 22 aurait été inscrite à la dépense faite pour le service effectué; et une autre somme de 0 fr. 08, à la dépense représentant la perte au change.

Tout ceci résulte du règlement du 14 janvier 1869 qui a passé dans l'art. 100 *bis* du décret de 1862.

Remarque. — Les traites de la Marine sont une dérogation aux règles ordinaires du paiement, car l'ordonnancement n'intervient que postérieurement au paiement, pour régulariser la dépense.

CHAPITRE II

RECETTES

Il resterait maintenant à exposer la série des opérations qui aboutit au recouvrement, pour faire connaître de quelle façon s'exécute le Budget des recettes.

« Le mode de liquidation de recouvrement et de poursuites, relatif à chaque nature de perception est déterminé par les lois et règlements spéciaux », dit l'art. 37 du décret du 31 mai 1862. Il ne peut être question de faire ici un exposé complet, et il sera donné seulement quelques indications sommaires sur une matière qui, d'ailleurs, ressort, pour la partie la plus importante, de l'étude des différents impôts.

§ 1. — Contributions et revenus publics

D'une façon générale, il n'existe pas, en ce qui concerne les impôts, d'opération analogue à l'engagement des dépenses : elle serait rendue superflue par la précision du texe législatif portant autorisation de recouvrer les recettes.

Contributions directes. — La somme dont un contribuable est redevable à l'État s'appelle *cote*. Le montant en est fixé par l'administration des Contributions directes, avec collaboration des répartiteurs pour certains impôts : c'est, en quelque sorte, la liquidation de la recette.

Les états de cotes à recouvrer, appelés *rôles*, sont transmis au préfet du département qui les rend exécutoires. Cette opération qui rend les contribuables débiteurs d'une dette exigible — par douzièmes — vis-à-vis de l'État, est analogue à l'ordonnancement.

Enfin, ces rôles sont transmis aux percepteurs des Contributions directes, afin d'être recouvrés ; tout versement opéré entre leurs mains donne lieu à la délivrance d'une quittance détachée d'un registre à souche ; elle constate la libération partielle ou définitive du redevable et fait titre contre l'État.

Autres impôts. — Les opérations de constatation du fait qui donne ouverture à l'impôt, de liquidation, de confection du titre, de recouvrement de la taxe sont, en principe, effectuées par un seul et même agent : « les préposés à la perception des revenus publics sont chargés de constater la dette des redevables, de leur notifier le montant, d'en percevoir le produit et d'exercer les poursuites prescrites par les lois et règlements ; toutefois l'assiette des Contributions directes est confiée à des fonctionnaires et agents administratifs. » Art. 306 du décret de 1862.

Toutefois, dans les bureaux de douane les plus importants les fonctions de vérificateur, de liquidateur et de receveur sont confiés à des agents différents. De même, en ce qui concerne le droit de garantie des matières d'or et d'argent, l'examen des objets est fait par l'*essayeur*, le poinçon est apposé par le *contrôleur*, les droits sont perçus par le *receveur*.

Le paiement est fait, en principe, au comptant. Toutefois, dans certains cas, l'obligation du redevable est simplement constatée, et le recouvrement, dûment garanti par des sûretés, telles que cautions, est ajourné. En matière de timbre, certaines taxes sont perçues par abonnement, c'est-à-dire que le paiement est réparti sur un certain nombre d'années, afin de le faciliter.

§ 2. — Produit des monopoles et exploitations industrielles

Le produit des monopoles et exploitations industrielles de l'État représente le prix d'une marchandise vendue, ou d'un service rendu. Ce sont des opérations analogues à celles auxquelles peut se livrer un particulier, mais les formalités sont ici minutieusement prévues et réglementées.

Lorsqu'il s'agit d'une vente de marchandises (allumettes, poudres, tabacs) les quantités sortant de l'usine passent généralement par les mains de plusieurs agents avant d'arriver à celui qui les vend; chacun d'eux prend en charge les quantités qu'il reçoit, c'est-à-dire qu'il en est constitué débiteur (comptable); il est déchargé de celles qu'il transmet à un autre agent.

La vente ne donne pas lieu, bien entendu, à la délivrance d'un titre quelconque à l'acheteur, mais elle est constatée sur les registres de celui qui l'effectue. La comparaison entre : 1° les quantités prises en charge; 2° celles qui restent en magasin, fait ressortir le montant des sommes dont il doit compte.

Lorsqu'il s'agit d'un service, le salaire est perçu au moment où il est rendu (Postes, Télégraphes, Téléphones), à moins que le redevable n'ait antérieurement acheté un titre (par exemple, timbre-poste) qui lui donne droit de se faire rendre le service.

Enfin certaines exploitations industrielles (Imprimerie nationale, Chemins de fer de l'État) fonctionnent comme des entreprises particulières; leurs bénéfices sont versés dans les Caisses du Trésor.

§ 3. — Produits et revenus du domaine de l'État

Les recettes peuvent être constituées par le prix d'aliénations, le montant de fermages, ou les bénéfices d'une exploitation directe de l'État.

En ce qui concerne le domaine public, ses produits ne peuvent être que le prix des concessions temporaires, le loyer de certains droits (pêche ou chasse par exemple), ou la perception de fruits naturels (et vente de ceux-ci).

« Les services sous l'autorité desquels sont placées directement les diverses dépendances de ce domaine, dit le Dictionnaire administratif de Béquet-Domaine, apprécient l'opportunité des ventes de produits, des locations, des autorisations à délivrer : les services financiers tantôt seuls, tantôt sous l'autorité des préfets, déterminent les conditions de la location, de la concession ou de la vente, en fixent le prix et en poursuivent le recouvrement. »

Quant aux biens composant le domaine privé, ils peuvent être l'objet d'aliénations, de baux de location ou d'une exploitation directe.

Les ventes d'immeubles doivent, sauf quelques exceptions, être faites par voie d'adjudication publique, après avoir été autorisées par le pouvoir exécutif, si la valeur n'excède pas 1.000 000, par une loi dans le cas contraire. L'acte de vente est établi par le préfet ou par le Ministre des Finances. Quant au recouvrement, il est effectué par les soins des receveurs des domaines. Le titre de libération du débiteur résulte du quitus que lui délivre le directeur des domaines après paiement intégral.

Les baux de location sont passés à la suite d'adjudications publiques et approuvés tantôt par le pouvoir exécutif et tantôt par un texte législatif. Les fermages sont recouvrés par l'administration des domaines.

L'exploitation en règie constitue une exception, car aux termes du décret du 28 octobre 1790 le régime de la ferme constitue le droit commun. Parmi ces exceptions, la plus importante est représentée par les forêts.

La vente des produits des forêts est encore faite par adjudication publique, et le prix est recouvré soit par les Trésoriers généraux des finances (coupes vendues en bloc sur pied, exploitations accidentelles vendues sur pied en bloc), soit par les receveurs des domaines (par exemple, coupes vendues après façonnage).

D'une façon générale « les expéditions des procès-verbaux d'adjudication remis aux Trésoriers-Payeurs généraux ou aux Receveurs des domaines, par l'administration qui a présidé à l'adjudication, forment le titre, en vertu duquel les comptables opèrent le recouvrement du prix de vente et exercent les poursuites s'il y a lieu. » *Pandectes françaises, Finances publiques.*

§ 4. — Produits divers du budget, ressources exceptionnelles, recettes d'ordre

La plupart des produits divers du Budget sont encaissés directement par les Trésoriers Payeurs généraux ou les Receveurs particuliers des finances.

Parfois, il n'y a lieu ni à liquidation, ni à établissement d'un titre de recouvrement : par exemple Restitutions au Trésor.

Parfois, la liquidation des droits de l'État résulte de l'examen d'une comptabilité : ainsi « Part revenant à l'État sur les bénéfices des chemins de fer d'intérêt général » (on sait qu'aux termes des conventions de 1883, les grandes Compagnies de chemins de fer versent à l'État une fraction de leurs bénéfices, quand le montant de ceux-ci excède une certaine limite fixée par le cahier des charges).

Parfois enfin, le versement opéré a pour objet de créer un droit au profit de la partie versante ; exemple : Taxe sur les Brevets d'invention (la conservation du droit des inventeurs brevetés est subordonnée au paiement d'une taxe annuelle de 100 francs).

Les ressources exceptionnelles sont régies par des textes spéciaux à chacune d'elles, chaque année.

Les recettes d'ordre, enfin, sont tantôt des retenues opérées sur des paiements faits par l'État — par exemple, retenues pour pensions, — tantôt de véritables taxes — taxes sur les diplômes délivrés par les écoles supérieures de commerce reconnues par l'État — tantôt des revenus véritables — recettes en atténuation de la Dette flottante (voir à Dette flottante, comment ces produits sont liquidés et recouvrés) ; contribution des colonies aux dépenses d'entretien de l'école coloniale ; produit des amendes et condamnations pécuniaires : le montant en est recouvré par les percepteurs au vu des extraits de jugements ou d'arrêts qui leur sont adressés par les greffiers.

§ 5.

« Tout préposé à la perception des revenus publics est tenu de procéder :

« 1° A l'enregistrement, en toutes lettres, au rôle, état de produit ou titre légal, quelle que soit sa dénomination ou sa forme, de la somme reçue ou de la date du recouvrement ;

« 2° A son inscription immédiate, en chiffres, sur son journal;

« 3° A la délivrance d'une quittance à souche. » Art. 310 du décret de 1862.

« Sont néanmoins exceptés de la formalité d'une quittance à souche:

« 1° Les recettes opérées par les receveurs de l'enregistrement et des domaines[1];

« 2° Le produit de la taxe des lettres;

« 3° Les produits divers et accidentels recouvrés par les Receveurs des finances. » Art. 311.

[1] La mention « Reçu *x* francs » est mise au bas du titre enregistré.

CHAPITRE III

CLOTURE DE L'EXERCICE

Il est possible que toutes les opérations qui devaient logiquement découler des dispositions de la loi de finances ne soient pas exécutées dans les délais fixés pour la durée de l'exercice ; par exemple, des recettes dont la perception était autorisée n'ont pu être recouvrées ; des dépenses prévues n'ont pas été effectuées.

§ 1. — Restes a recouvrer

Le Ministre des Finances fait établir chaque année, dans son compte général, des états, par branches de revenus indiquant les restes à recouvrer sur les produits constatés.

Parmi les restes à recouvrer, les uns sont définitivement abandonnés, les autres sont destinés à être poursuivis ultérieurement.

§ 2. — Annulations de crédits

Lorsqu'une dépense autorisée par la loi de finances n'a pas été effectuée avant la clôture de l'exercice, il intervient une disposition législative qui, sous le nom d'*annulation de crédit*, retire l'autorisation précédemment donnée[1].

Cette autorisation, il est vrai, ayant été donnée sous condition que la dépense serait effectuée avant la clôture de l'exercice[2], devient caduque, par le seul fait que les délais sont expirés. Mais l'annulation de crédit a pour objet de donner une consécration plus solennelle à ce retrait d'autorisation.

Ainsi au Budget général de 1901, le chapitre 3 du Ministère de la Justice « Personnel du conseil d'État » était doté d'un crédit de 1.087.200 francs ; les dépenses n'ayant pas atteint ce chiffre, il est intervenu une loi annulant l'autorisation de dépense jusqu'à concurrence d'une somme de 3.100 francs[3].

Il est bien évident que cette opération ne constitue pas une création de ressources, seulement elle rend disponible des fonds qui avaient antérieurement reçu une affectation.

Lorsque la dépense est reportée à un autre exercice, il y a annulation d'ordre, c'est une simple mesure de comptabilité, puisque le crédit annulé

[1] Art. 119 du décret du 31 mai 1862 : Les crédits ou portions de crédits qui n'ont pas été employés par des paiements effectifs sont annulés dans la comptabilité des divers ministères, après le règlement définif de l'exercice.

[2] Voir art. 8 du décret de 1862.

[3] « Sur les crédits ouverts aux Ministres par la loi de finances du 25 février 1901 et par des lois spéciales pour les dépenses du Budget général de 1901, une somme de 12.643.632 francs est et demeure définitivement annulée conformément à l'état B annexé à la présente loi. »

sera réinscrit plus tard. Lorsqu'elle est définitivement écartée, il y a annulation définitive; le crédit ne reparaîtra plus aux prévisions de dépense [1].

§ 3. — Déchéance quinquennale

Les dettes de l'État se prescrivent par cinq ans, c'est-à-dire que les créanciers ont *cinq années*, à partir de l'ouverture de l'exercice, pour se faire payer les dépenses qui ont leur source dans une disposition de la loi de finances. Passé ce délai, ils sont déchus de leurs droits et perdent tout recours contre l'Etat.

Cependant les créanciers résidant hors d'Europe peuvent faire valoir leur droit pendant *six années*.

Enfin, lorsque les dettes de l'Etat n'ont pas été payées par suite de la faute de l'Administration, ou parce qu'il a été formé un recours devant le Conseil d'État, le délai est prorogé sans limites.

Tout ceci résulte des articles 9 et 10 de la loi du 29 janvier 1831, et des articles 136 et 137 du décret du 31 mai 1862.

« Sont prescrites et définitivement éteintes au profit de l'Etat, toutes les créances qui, n'ayant pas été acquittées avant la clôture des crédits de l'exercice

[1] Ce système a l'inconvénient de pousser les administrateurs à épuiser complètement les crédits qui leur sont affectés, dans la crainte que l'on réduise dorénavant dans les prévisions de dépense, un crédit reconnu une fois trop élevé.

auquel elles appartiennent, n'auraient pu, à défaut de justifications suffisantes, être liquidées, ordonnancées et payées dans un délai de cinq années à partir de l'ouverture de l'exercice pour les créanciers domiciliés en Europe, et de six années pour les créanciers domiciliés hors du territoire européen.

« Les dispositions de l'article précédent ne sont pas applicables aux dépenses, dont l'ordonnancement et le paiement n'auraient pu être effectués par le fait de l'Administration ou par suite de pourvoi devant le Conseil d'État. »

La déchéance quinquennale est une règle adoptée pour empêcher que les conséquences financières d'un Budget ne pèsent indéfiniment sur le Trésor ; il faut ajouter que la liquidation d'une dette ancienne de plusieurs années serait, sans doute, fort difficile, et engendrerait de nombreuses difficultés.

C'est le cas de rappeler les plaintes légitimes que faisait entendre le Baron Louis en 1819 : « Le compte d'exercice n'est jamais terminé. Il ne peut jamais être fermé, à moins qu'on ne puisse lui opposer de belles et bonnes déchéances qui répondent à tout. Tous les jours on me demande le paiement de dettes antérieures à la Révolution ; nous avons vingt années sur lesquelles les répétitions peuvent s'exercer. » Baron Louis, cité par M. Stourm.

La déchéance quinquennale n'est applicable qu'aux créances sur l'État, et nullement aux créances sur les départements, communes et établissements publics, lesquelles sont régies par les principes de droit commun.

Elle résulte d'ailleurs de plein droit de l'expiration des délais : mais elle doit être prononcée par décision ministérielle. Cette décision constitue un acte de pure administration et, par conséquent, ne peut être attaquée par la voie judiciaire; elle est susceptible, cependant, d'un recours devant le Conseil d'État dans les trois mois de la notification qui en est faite à l'intéressé.

Enfin, le délai de cinq ans court à partir de l'ouverture de l'exercice, même si la créance n'a pas sa source dans une disposition de la loi de finances, par exemple, si elle résulte d'un dommage causé par l'exécution de travaux publics. Et cela, l'intéressé n'en eût-il eu connaissance qu'après l'expiration du délai de cinq ans.

On verra plus loin qu'il existe des prescriptions spéciales en matière de rentes et de pensions.

§ 4. — Dépenses sur exercices clos et sur exercices périmés non frappées de déchéance

Ainsi donc, une dépense ne peut plus être imputée sur les crédits d'un Budget lorsque l'exercice est clos[1], et cependant, même après cette époque il peut exister une dette à la charge de l'État, puisque les créanciers ont un délai de cinq ans — ou même plus — pour faire valoir leur droit.

1° Lorsque les créanciers sont encore dans les limites du délai de cinq ans, ils sont payés et la dépense est imputée, sur un chapitre spécial, ouvert au Budget de chaque Ministère et intitulé : « Dépenses des exercices clos ». Aucune indication de chiffre n'est portée au crédit;

2° Lorsque les créanciers ont laissé passer le délai de cinq ans, mais qu'ils ont échappé à la déchéance pour une des causes ci-dessus énumérées, la dépense est encore acquittée et imputée, cette fois, sur un autre chapitre inscrit au Budget de chaque Ministère et intitulé : « Dépenses des exercices périmés non frappées de déchéance ». Il n'est pas indiqué de chiffre au crédit.

En d'autres termes, pour les dépenses faites dans le cours de l'exercice auquel elles appartiennent, l'autorisation résulte de leur inscription à un chapitre déterminé; quant aux dépenses sur exercices clos et sur exercices périmés non frappées de déchéance, elles sont autorisées en bloc par le fait de l'inscription au Budget de chaque Ministère des chapitres :

[1] Les crédits d'un exercice ne peuvent être appliqués au paiement des dépenses d'un autre exercice. Art. 8 du décret de 1862.

Dépenses des exercices clos.

Dépenses des exercices périmés non frappées de déchéance.

Mais cette autorisation globale n'est d'ailleurs pas suffisante dans tous les cas : lorsque les dépenses n'ont pas été liquidées et ordonnancées dans l'exercice précédent, auquel elles appartiennent, et que, par suite, elles n'ont pas figuré sur l'état des restes à payer dressé lors de la clôture, il faut, pour les acquitter, des autorisations accordées par une loi ou par un décret.

En résumé, voici les règles applicables au paiement des dépenses, après clôture de l'exercice auquel elles appartiennent.

I. — A la clôture de l'exercice, il est dressé dans chaque département ministériel un état des restes à payer : une expédition est envoyée à la Cour des Comptes, l'autre au Ministère des Finances, Direction du Mouvement général des fonds. Les dépenses qui figurent sur cet état sont payées comme des dépenses ordinaires : le Parlement n'interviendra qu'au moment de la loi de règlement du Budget, pour régulariser la dépense, sous forme d'autorisation.

C'est-à-dire que les fonds affectés au paiement de ces dépenses figureront dans la loi de règlement du Budget en cette forme :

Les dépenses du Budget ordinaire de l'exercice...

constatées dans les comptes des Ministres sont arrêtées à la somme de...

II. — Quant aux dépenses qui ne figurent point dans cet état, elles ne pourront être acquittées que moyennant *ouverture d'un Crédit*, par décret si l'on reste dans les limites des annulations pour chaque chapitre, par une loi dans le cas contraire.

III. — Les sommes affectées au paiement des dépenses sur exercices périmés non frappées de déchéance doivent *toujours* être payées en vertu d'une autorisation législative.

IV. — En ce qui concerne les dépenses sur exercices clos l'ordonnancement n'est valable que jusqu'au 31 décembre de l'année où il a été fait : passé ce délai la dépense ne peut plus être payée (sauf nouvel ordonnancement.)

V. — Quand une ordonnance n'a pas été payée avant la fin de l'exercice auquel elle appartient, il faut, pour obtenir paiement, un nouvel ordonnancement (Voir art. 118 du décret de 1862).

§ 5. — Loi de règlement du budget

A l'expiration des délais impartis pour l'exécution de la loi de finances, c'est-à-dire après la clôture de l'exercice, les opérations des ordonnateurs et des comptables sont jugées par le Parlement ; c'est-à-dire qu'elles sont l'objet d'un examen à l'effet de constater si les dispositions du législateur ont été régulièrement exécutées. C'est, en somme, pour les ordonnateurs et comptables, la situation d'un mandataire qui vient rendre compte de son mandat, au mandant (le Parlement), et qui sollicite l'approbation de sa gestion.

Il est logique, en effet, que le même pouvoir qui a donné les autorisations, se fasse rendre compte des opérations faites pour les exécuter. De là cette disposition de la loi du 15 mai 1818, art. 102 : « Le règlement définitif des Budgets antérieurs sera, à l'avenir, l'objet d'une loi particulière qui sera proposée aux Chambres avant la présentation de la loi annuelle de finances. »

Et l'article 107 du décret du 31 mai 1862, s'exprime ainsi : « Le règlement définitif du Budget est l'objet d'une loi particulière. »

A cet effet, il est présenté aux Chambres un résumé des opérations de l'exercice telles qu'elles résultent des opérations des divers agents : ces documents sont les Comptes généraux des Ministres, le Compte général des recettes, le Compte général des finances, les déclarations de conformité de la Cour des Comptes. Leur exactitude est certifiée par l'examen préalable exercé tant par les supérieurs hiérarchiques que par les judirictions compétentes[1]. Le

[1] Voir plus loin « Contrôle des Ordonnateurs et des Comptables ».

Parlement a donc à se prononcer exclusivement sur la régularité des opérations qui lui sont présentées, et nullement sur la question de leur exactitude matérielle : il tient pour sincères et véritables les éléments sur lesquels il se prononce. On peut donc dire qu'il juge *en droit* et non *en fait*.

La loi de règlement arrête, c'est-à-dire constate et approuve[1] :

1° Le montant des dépenses à la charge de l'exercice ;

2° Le montant des dépenses réellement payées ;

3° Le montant des dépenses restant à payer ;

4° Le montant des crédits complémentaires dépensés dans le cours de l'exercice (c'est là une opération de régularisation, voir plus haut) ;

5° Le montant des crédits annulés pour ordre ;

6° Le montant des crédits annulés définitivement ;

7° Le montant des droits et produits constatés au profit de l'État ;

8° Le montant des droits et produits réellement recouvrés ;

9° Le montant des droits et produits restant à recouvrer ;

10° Le montant des crédits d'inscription pour pensions[2]. (Voir plus loin : *Pensions*.)

[1] Voir aux annexes le texte complet d'une loi de règlement.

[2] Voir art. 107, 109, 114 du décret de 1862.

Bien que la loi de règlement du Budget soit conformément aux textes, présentée à l'ouverture de la session ordinaire de l'année qui suit la clôture de l'exercice, les Chambres ne la votent en réalité, que plusieurs années après. Ce délai est justifié, en partie, par la difficulté de vérifier les comptes et surtout par les longueurs de la procédure parlementaire. Seulement le contrôle ne présente plus dès lors qu'un intérêt secondaire : les justiciables peuvent d'ailleurs avoir disparu de la vie politique, et la seule sanction est la responsabilité ministérielle. Aussi, ces lois ne sont-elle guère l'objet d'un examen sérieux, et sont-elles le plus souvent votées sans discussion.

TROISIÈME PARTIE

LA DETTE PUBLIQUE

La dette publique est, dans un sens large, l'ensemble des obligations de l'Etat, quelle que soit leur source : passation de marché, nomination d'un fonctionnaire à un poste rétribué, émission d'emprunt ; le prix des fournitures, le montant du traitement, les arrérages des rentes sont autant d'éléments de la Dette.

« C'est, dit M. Léon Say, l'ensemble des obligations que l'État a contractées envers ses créanciers. »

Mais, pratiquement, on réserve la dénomination de Dette publique à certaines catégories d'obligations rangées sous la rubrique de Dette consolidée, Dette remboursable à terme ou par annuités, Dette viagère, Dette flottante.

La Dette consolidée, une fraction de la dette remboursable ou par annuités, et la Dette viagère constituent, ce que l'on appelle la Dette inscrite — parce que le droit des créanciers résulte de leur inscription sur le grand livre de la Dette publique. Quant à la Dette flottante, ses éléments ne figurent que dans les projets de Budget[1] ; on ne retrouve dans la loi de finances que les dépenses définitives qu'elle occasionne et les recettes qu'elle apporte.

Au Budget de 1904, la Dette consolidée ne figurait que pour un seul chapitre :

Rentes 3 p. 100.

Au titre de la Dette remboursable à terme ou par annuités figuraient les chapitres suivants :

Rentes 3 p. 100 amortissables ;

Remboursement d'obligations à court terme ;

Intérêts des obligations à court terme pour le compte spécial de perfectionnement de l'armement.

Intérêts des obligations à court terme émises pour le paiement de la garantie d'intérêts aux Compagnies des chemins de fer.

Intérêt des obligations du Trésor émises pour le remboursement des cautionnements.

Intérêts des obligations à court terme émises en vertu de la loi du 26 février 1903.

Annuités aux Compagnies de chemins de fer pour garantie d'intérêt de 1871-1872.

Annuité à la Compagnie des chemins de fer de l'Est.

Annuité à la Compagnie des chemins de fer P. L. M.

Annuité à la Compagnie des chemins de fer

[1] Aux Annexes de l'Exposé des motifs.

d'Orléans pour les lignes échangées entre elle et l'État.

Remboursement de la Dette du Trésor vis-à-vis de la Caisse des dépôts et consignations au 1er janvier 1902.

Annuité pour construction destinée au service de l'Intendance.

Redevance annuelle envers l'Espagne pour droit de dépaissance sur les deux versants de la frontière des Pyrénées.

Annuités aux Compagnies des chemins de fer.

Rachat de concessions de canaux.

Arrérages de cartelles appartenant à des établissements ecclésiastiques de la Savoie.

Intérêts de la Dette flottante du Trésor.

Intérêts de capitaux de cautionnements.

CHAPITRE PREMIER

LE FONDS 3 P. 100 PERPÉTUEL ET LE FONDS 3 P. 100 AMORTISSABLE

Les rentes[1] 3 p. 100 perpétuelles et 3 p. 100 amortissables constituent la fraction la plus importante des chapitres ci-dessus énumérés, d'abord à cause du chiffre élevé des sommes qu'exige leur service, ensuite à cause de leur caractère d'emprunt souscrit par le public.

Tous les États civilisés ont émis des emprunts en rentes, pour faire face à des dépenses considérables et immédiates. Leur montant dépend de la confiance inspirée aux prêteurs par la solvabilité de l'État : tandis que le crédit d'un particulier est en raison de son patrimoine, qui constitue, en définitive, le gage commun de ses créanciers, le crédit d'un État n'a d'autre mesure que les forces contributives du pays : c'est, en effet, au moyen des ressources fournies par l'impôt que sera assuré le service de l'emprunt. Certains États ont même affecté en gage à la garantie de tout ou partie de

[1] Les titulaires de rentes sont appelés crédi-rentiers ; l'état est débi-rentier.

leur dette, des catégories déterminées de revenus : par exemple, les Monopoles, les Douanes.

Il existe différents types d'emprunts, les uns sont perpétuels, les autres doivent être éteints au bout d'un délai plus ou moins long ; quelques-uns ne sont émis que pour un court espace de temps. Enfin, certains offrent aux souscripteurs l'appât de primes de remboursement ou de lots : ils sont particulièrement en faveur dans les pays où l'épargne est défiante et doit être sollicitée par des avantages exceptionnels [1].

§ 1. — Définitions

I. — Le 3 p. 100 perpétuel est une dette dont le remboursement ne peut jamais être exigé par les créanciers : ceux-ci n'ont droit qu'au paiement des intérêts.

Un emprunt à ces conditions n'est évidemment justifiable que s'il est émis par une collectivité telle que l'Etat, dont l'existence est, sinon perpétuelle, du moins très longue. Il est possible et facilement souscrit dans le public, parce que les transactions sur les titres sont toujours aisées : un créancier peut, en vendant son inscription, retrouver le capital prêté, sauf la différence des cours lors de

[1] D'une façon générale, il est avantageux pour un Etat d'avoir plusieurs types de rentes, afin de mieux s'accommoder aux besoins des souscripteurs.

l'achat et lors de la vente. L'emprunt est donc bien perpétuel, mais la créance passant de mains en mains, les prêts ne sont jamais que temporaires. De cette façon, l'État se procure très promptement des sommes considérables et, cela, moyennant les sacrifices, relativement peu élevés, que représente le service de l'emprunt.

Ce système a l'inconvénient de grever indéfiniment les générations futures qui ont à payer les intérêts d'une dette qu'elles n'ont pas contractée personnellement [1]. En revanche, ces mêmes générations profitent de la destination donnée aux capitaux empruntés, lesquels sont généralement consacrés à des entreprises d'une utilité durable : par exemple, exécution de grands travaux publics ; paiement d'indemnités de guerre, pour libération de territoire.

Les intérêts à payer pour le fonds 3 p. 100 perpétuel s'élevaient en 1904 à 665.759.725 francs.

II. — Le 3 p. 100 amortissable est une dette dont le capital est remboursé périodiquement par fractions.

L'emprunt est divisé en un certain nombre de parts, dont le montant est constaté par des titres analogues à des « Obligations ». Chaque

[1] Certains économistes, cités par M. Leroy-Beaulieu, parlent de « ce fardeau perpétuel que l'aveugle prodigalité de nos pères a légué à notre sévère probité ».

année, une certaine somme est consacrée au service de l'emprunt : une partie sert à acquitter les intérêts, l'autre partie est employée à rembourser — c'est-à-dire à racheter, à amortir — des parts par voie de tirage au sort[1]. Il est évident qu'au bout d'un certain nombre d'années, l'emprunt sera amorti, c'est-à-dire que toutes les parts seront remboursées : en un mot la dette sera éteinte.

Le service du fonds 3 p. 100 amortissable — c'est-à-dire la somme affectée annuellement au service des intérêts et au rachat des parts — s'élevait, en 1904, à 136.656.033 francs.

Ce fonds a été créé par la loi du 11 juin 1878 pour l'exécution des travaux du plan Freycinet. Son montant primitif a été accru par différentes lois subséquentes.

§ 2. — Caractères du 3 p. 100 perpétuel et du 3 p. 100 amortissable

I. — L'Etat n'est jamais tenu de rembourser les

[1] Au lieu de rembourser chaque année un certain nombre de parts, on peut, annuellement, attribuer à toutes les parts une somme, qui représente la fraction du capital à rembourser. C'est le système des annuités *terminables ou à terme*. De la sorte, toutes les parts subsistent jusqu'à la fin de l'emprunt et elles sont éteintes à cette époque toutes à la fois. C'est un système désavantageux quand l'emprunt est souscrit dans le public, car le titulaire de l'obligation, en recevant les arrérages, ne fera pas la distinction entre la somme qui représente les intérêts et celle qui représente le remboursement du capital. Or, à l'expiration du terme, il n'aura plus droit ni aux intérêts ni au capital déjà remboursé.

porteurs d'inscriptions de rentes perpétuelles; le mode de remboursement des rentes amortissables est défini et déterminé par le contrat d'emprunt.

Mais, bien entendu, il ne s'est jamais interdit la faculté de réduire sa dette soit par des rachats (par exemple, création de caisses d'amortissement), soit, — la question, autrefois controversée, paraît aujourd'hui résolue dans le sens de l'affirmative, — par des conversions.

De là, cette conséquence toute naturelle, et particulièrement intéressante pour les titulaires de rentes perpétuelles, que le titre de l'obligation est imprescriptible. Il est à peine besoin de faire remarquer que le fait de réclamer le paiement des intérêts implique suffisamment affirmation de propriété et interromprait au besoin la prescription. Mais une décision ministérielle, en date du 1er mars 1873, consacre définitivement le principe de l'imprescriptibilité, même si les arrérages n'ont pas été payés.

II. — Les rentes jouissent, en outre, d'un certain nombre de privilèges et prérogatives qui semblent parfois exorbitantes : c'est que la législation qui les régit date de la Révolution. A cette époque, où fut créé le premier fonds, appelé Tiers Consolidé, le Crédit public était fort ébranlé ; il fallait donc solliciter les souscriptions par l'appât d'avantages particuliers — avantages qui ont été étendus à tous les fonds établis depuis lors. Ainsi s'expliquent une série de mesures de faveur, qui ne se justifient plus guère à l'heure actuelle[1].

D'abord les rentes échappent complètement à l'impôt du timbre sur les valeurs mobilières (1 p. 100 de la valeur nominale du titre).

Au droit de transmission à titre onéreux (0,50 par transmission pour les titres nominatifs, ou abonnement annuel de 0,20 p. 100 sur la moyenne des cours moyens pour les titres au porteur).

A la taxe de 4 p. 100 sur le revenu, qui frappent la généralité des valeurs mobilières.

Quant à l'impôt sur les opérations de Bourse, il est réduit en leur faveur au quart (au lieu de 0,05 centimes pour 1000, il n'est que de 0,0125 p. 1000).

En second lieu, les rentes sont insaisissables, sauf un petit nombre d'exceptions : par exemple, rentes appartenant à un comptable, rentes affectées à un cautionnement. La loi du 8 nivôse an VI dispose, en effet, que « les comptables envers la République ne pourront, en aucun temps, disposer de leurs inscriptions avant l'apurement de leur compte ».

De même, un arrêté ministériel du 28 août 1836 autorise, dans un certain nombre de cas, le Direc-

[1] Ces conditions, ayant été consenties par le contrat d'emprunt, ne pourraient plus être modifiées que par une conversion, c'est-à-dire une convention modifiant les conditions du contrat primitif.

teur de la Dette inscrite à interdire la négociation d'une inscription ; ainsi, lorsque le titre est détenu par un tiers, ou en cas de perte du titre. — Ce sont des empêchements administratifs.

Par une interprétation du principe de l'insaisissabilité, l'Administration se refuse à faire connaître à des tiers le domicile d'un crédi-rentier, sans l'autorisation de celui-ci.

§ 3. — Formes des titres de rentes

Il existe actuellement trois types de titres de rentes :

1° La rente nominative. — Le libellé du titre porte l'indication du nom du propriétaire : « Le Directeur de la Dette inscrite certifie que M... est inscrit sur le grand livre de la Dette publique, pour une rente annuelle de x francs. » Le montant de la créance est, d'ailleurs, illimité.

A l'origine, ce type était le seul prévu par le législateur. Maintenant, il est seul admis pour toutes les obligations dont le titulaire n'a pas la libre disposition : par exemple, rentes affectées à un cautionnement, à un usufruit.

2° La rente au porteur. — Type créé par ordonnance du 29 avril-19 mai 1831.

Le libellé ne porte pas l'indication du nom du

propriétaire (et par suite les titres sont transmissibles par voie de simple tradition). Il est ainsi conçu : « Le Directeur de la Dette inscrite certifie que le porteur a droit à une rente de *x* francs.

« Le chiffre maximum de la rente est fixé à 3.000 francs. »

3° La rente mixte. — Ce type de titre, créé par décret du 18 juin 1864, est assez peu répandu.

Le libellé porte l'indication du nom du titulaire — comme les rentes nominatives, — mais pour le paiement des arrérages, le titre est muni de coupons, — comme les rentes au porteur.

Les rentes mixtes ne peuvent être accordées qu'aux individus ayant la pleine et entière disposition de leur titre.

Les titres de rentes nominatives, au porteur, ou mixtes, sont établis pour une période de dix ans, c'est-à-dire qu'ils sont munis de cases à estampiller ou de coupons à détacher, pour ce laps de temps. — Anciennement[1], les titres au porteur n'étaient créés que pour cinq ans.

§ 4. — Comptabilité relative aux rentes

I. — Un emprunt en rentes ne peut être créé qu'en vertu d'une autorisation donnée par les Chambres :

[1] Et maintenant encore pour le 3 p. 100 au porteur perpétuel.

« Aucune inscription pour création de rentes ne peut avoir lieu qu'en vertu d'une loi. » Art. 196, du décret du 31 mai 1862. La gravité d'un acte de ce genre explique d'ailleurs suffisamment cette disposition.

Des actes émanant du Président de la République et du Ministre des Finances interviennent ensuite, pour préciser les termes du texte législatif, et déterminer les conditions de l'emprunt. (Voir aux annexes les documents officiels pour l'emprunt du 7 septembre 1901, qui sont présentés à titre d'exemple.)

D'une façon générale, l'État peut recourir à trois modes principaux, pour l'émission.

α. Il peut traiter avec des banquiers ou des établissements de crédit, qui souscrivent à certaines conditions le montant de l'emprunt, et qui écoulent ensuite les titres dans le public. De cette façon, l'État se procure immédiatement les fonds nécessaires ; en outre, les banquiers sont toujours bien informés de l'état du marché et des chances de succès de l'émission ; en revanche, ils exigent souvent une commission élevée.

β. Il peut procéder par voie de souscription publique : c'est-à-dire que « l'État s'adresse directement au public. Après avoir déterminé les conditions auxquelles il recevra les souscriptions, même les plus minimes, il fixe un jour où les souscripteurs pourront se présenter » (Leroy-Beaulieu, *Traité de la Science des Finances*).

γ. Enfin, il peut vendre ses titres au fur et à mesure de ses besoins et de l'état du marché, absolument comme pourrait faire un particulier qui souscrit des obligations.

II. — Les inscriptions de rentes sont constatées sur le grand livre de la dette publique : « Le grand livre de la Dette publique consolidée (ajouter : et de la dette constituée par le 3 p. 100 amortissable) est le titre fondamental de toutes les rentes inscrites au profit des créanciers de l'État. » Art. 197 du décret du 31 mai 1862.

C'est la traduction un peu modifiée de l'art. 6 de la loi du 24 août 1793 : Le grand livre de la Dette publique est le titre unique et fondamental de tous les créanciers de l'État.

Des extraits d'inscription sont délivrés aux prêteurs ; ce sont les titres — nominatifs, au porteur, ou mixtes — qu'ils ont entre les mains [1].

En d'autres termes, l'opération d'emprunt, le contrat dont résulte l'obligation de l'emprunteur, est mentionné sur le grand livre et sur l'extrait.

Les inscriptions sont annulées sur le grand livre lorsque le droit du crédi-rentier se trouve

[1] Lorsque les inscriptions sont délivrées à la suite d'une émission d'emprunt, on remet d'abord au souscripteur un *certificat d'emprunt*, sur lequel sont constatés les versements successifs et qui, après la libération intégrale, est converti en titre définitif.

éteint : par exemple, par suite de cession ou de remboursement.

Il existe deux exemplaires du grand livre de la Dette publique, l'un déposé à Paris, au Ministère des Finances, l'autre à Saint-Cloud.

L'agent comptable du grand livre de la Dette est chargé d'effectuer, sous sa responsabilité, les inscriptions et annulations de rentes, et d'en délivrer les extraits.

« L'agent comptable du grand livre opère sur le grand livre l'inscription des rentes de toute nature, en expédie les extraits, débite les comptes qui doivent être annulés, tient les registres et forme tous les bordereaux et états, ayant pour objet l'ordonnancement et le paiement des arrérages de rentes. » Art. 201 du décret du 31 mai 1862.

III. — Les rentes nominatives ou mixtes font l'objet de transferts et de mutations.

Les transferts sont des transmissions à titre onéreux.

« C'est, dit le *Dictionnaire administratif* de Bréquet, la constatation, dans les écritures de la Dette inscrite, des ventes et des achats de rentes nominatives.

« Cette opération est distincte de la négociation de la valeur qui s'effectue toujours à la Bourse par l'entremise des agents de change. »

Les mutations sont des transmissions à titre gratuit, par exemple, par succession.

Il n'y a pas lieu, pour les mutations, de recourir au ministère d'un agent de change.

C'est l'agent comptable des transferts et mutations qui établit les certificats constatant ces opérations au vu de pièces justificatives[1] ; c'est d'après ces certificats que l'agent comptable du grand livre annulle les anciennes inscriptions et en établit de nouvelles.

« Aucune inscription ne peut être effectuée sur le grand livre pour transferts et mutations, sans le concours de l'agent comptable des transferts et mutations, et de l'agent comptable du grand livre.

« L'agent comptable des transferts et mutations rédige, d'après les déclarations des parties, certifiées par des officiers publics compétents, ou sur le vu des pièces justificatives du droit, les certificats de transferts et de mutations qui doivent servir de base à l'inscription sur le grand livre ; il est chargé de remettre les extraits d'inscription aux intéressés, après en avoir reconnu la régularité.

« Il rend compte de ses opérations à la Cour des Comptes. » Art. 200 du décret de 1862.

[1] Pour les transferts, ce sont notamment : une déclaration de transfert, qui constitue, en quelque sorte, l'acte de vente, et qui doit être signée du cédant, et un certificat de transfert.

Pour les mutations, il faut un acte de propriété dressé par un notaire ou autre officier public suivant le cas.

Remarque. — Toute transmission de rente nominative ou mixte donne lieu à une double opération : 1° L'annulation de la rente du cédant sur le grand livre de la Dette publique ; 2° L'inscription de cette rente au nom du cessionnaire sur ce même grand livre.

IV. — Les rentes nominatives, mixtes ou au porteur peuvent encore être l'objet d'un certain nombre d'opérations :

α. Le renouvellement, qui consiste à remettre au titulaire d'une inscription un titre neuf, en échange de celui dont toutes les cases ont été estampillées ou tous les coupons détachés.

β. La réunion ou la division, qui consiste à réunir plusieurs inscriptions sur un seul titre, ou à diviser en plusieurs titres le montant d'une inscription constatée sur un titre unique.

γ. Les reconversions, qui consistent à transformer une obligation au porteur en mixte ou nominative[1].

Lorsque ces opérations ont pour objet des rentes nominatives ou mixtes, elles sont effectuées par les soins de l'agent comptable des transferts et mutations ; si elles ont pour objet des rentes au porteur, elles sont effectuées par un agent spécial, « l'agent comptable des reconversions et renouvellements ».

Voici d'ailleurs le texte de la circulaire du 20

[1] La transformation d'une rente nominative ou mixte en rente au porteur se fait par voie de transfert.

mars 1877, qui définit leurs attributions respectives :

V. — « Les opérations qui seront effectuées par l'agent comptable des reconversions et renouvellements, sont les suivantes :

1° Renouvellement d'inscriptions au porteur dépourvues de coupons ;

2° Réunion ou division de rentes au porteur ;

3° Conversion de rentes au porteur en rentes mixtes ;

4° Conversion de rentes au porteur en rentes nominatives ;

5° Réunion de rentes au porteur à des rentes mixtes ;

6° Réunion de rentes au porteur à des rentes nominatives ;

7° Renouvellement d'inscription de rentes mixtes ;

8° Réunion ou division de rentes mixtes ;

9° Conversion de rentes mixtes en des rentes nominatives ;

10° Réunion de rentes mixtes à des rentes nominatives ;

11° Conversion de rentes nominatives en rentes mixtes. »

« Les opérations spécifiées aux articles 7, 8, 9, 10 et 11, continueront à être réalisées par les soins de l'agent comptable des transferts et mutations ; mais les demandes lui seront transmises par l'agent comptable des reconversions et renouvellements, chargé de l'envoi des nouvelles inscriptions. »

Remarque. — D'après l'arrêté ministériel du 14 décembre 1883, le renouvellement d'un titre au porteur ou mixte est subordonné à la production d'un certificat de vie.

L'agent comptable des reconversions et renouvellements est un fonctionnaire créé par décret du 14 décembre 1876 : Le développement des rentes mixtes et au porteur exigeait que l'agent comptable des transferts et mutations fut déchargé d'une partie de ses attributions[1].

VI. — Les certificats d'inscription sont la reproduction exacte du compte correspondant inscrit sur le grand livre. Ils sont détachés d'un registre à souche et doivent, pour former titre contre le Trésor, être signés : 1° par le directeur de la Dette inscrite, 2° par l'agent comptable du grand livre ; 3° par celui des agents (agent comptable des transferts et mutations ou agent comptable des reconversions et renouvellements) qui a participé à sa délivrance, 4° enfin, ils doivent être visés par le contrôle.

Tout ceci résulte de l'article 203 du décret de 1862 : « Tout extrait d'inscription de rente est enre-

[1] Décret précité, art. 1. Un agent comptable sera chargé : 1° De recevoir les titres des rentes au porteur déposés au Trésor ou envoyés par correspondance pour être reconvertis, réunis, divisés ou renouvelés ; 2° D'exécuter les transferts d'ordre auxquels donnent lieu les reconversions, réunions, divisions ou renouvellements de titres de rentes au porteur ; 3° De délivrer ou d'envoyer les titres nouveaux provenant de ces opérations.

gistré contradictoirement sur un double du grand livre de la Dette ; il est signé respectivement par celui des agents comptables des transferts et mutations ou des reconversions et renouvellements qui est appelé à en faire la remise à l'intéressé, par l'agent comptable du grand livre et par le directeur de la Dette inscrite.

Cet extrait doit, pour former titre valable sur le Trésor être revêtu du visa de contrôle institué par la loi du 24 avril 1833. »

L'agent comptable du grand livre, l'agent comptable des transferts et mutations, l'agent comptable des reconversions et renouvellements sont responsables, chacun, des opérations faites sous sa signature. Ils versent un cautionnement et touchent une indemnité[1]. Ils sont justiciables de la Cour des Comptes.

VII. Ordonnancement et paiement. — La loi de finances détermine annuellement le montant des sommes consacrées au service du paiement des rentes.

Le Ministre des Finances répartit, par ordonnance, les fonds entre les comptables chargés du paiement[2].

[1] Cautionnement de l'agent comptable du grand livre : 50.000 fr.; de l'agent comptable des transferts . 30.000 fr.; de l'agent comptable des reconversions : 20.000 fr. L'indemnité de ce dernier est de 2.000 fr. Celle des deux premiers de 3.000 fr.

[2] Voir règlement de finances de 1866.

1° Le Caissier-Payeur central à Paris est seul chargé du paiement des rentes perpétuelles, mixtes ou au porteur et du paiement des rentes amortissables. Sans doute, les crédi-rentiers peuvent se faire payer sur la caisse d'un comptable quelconque, mais celui-ci agira, alors, pour le compte du Caissier-Payeur central.

2° Le Caissier-Payeur central dans le département de la Seine, les Trésoriers-Payeurs généraux, dans leurs départements, sont chargés d'acquitter les rentes perpétuelles nominatives, qui ont été assignées payables dans leurs circonscriptions respectives.

Mais, comme précédemment, un comptable peut payer pour le compte d'un autre.

Le paiement des arrérages est fait tous les trois mois. Des états d'arrérages[1] sont envoyés aux comptables chargés du paiement ; ils servent à émarger les paiements successifs.

Les rentes nominatives sont payables à présentation du titre[2] aux guichets du département où elles ont été assignées payables. Elles sont estampillées après paiement, c'est-à-dire qu'un timbre « payé » est apposé au dos, dans des cases disposées à cet effet.

Les rentes au porteur ou mixtes sont munies de

[1] Voir Règlement de 1866.

[2] Par le propriétaire ou par un tiers, peu importe.

coupons, qui sont détachés lors du paiement; le paiement peut être effectué par tout comptable, mais toujours pour le compte du Caissier-Payeur central, auquel doivent être envoyés les coupons détachés, pour justification de la dépense.

Contrôle. — Le contrôle est exercé :

1° En ce qui concerne le paiement des rentes nominatives, par l'établissement de *Bulletins mobiles*, qui sont des doubles des titres de rentss acquittés, et qui restent entre les mains des comptables. Ils sont estampillés en même temps que l'original;

2° En ce qui concerne le paiement des rentes au porteur ou mixtes, par le détachement des coupons qui sont remis au comptable en échange du montant des arrérages, et qui justifient de la dépense.

Prescription. — Le capital, comme il a été dit plus haut, est imprescriptible, mais il n'en est pas de même des arrérages.

Aux termes de l'article 2277 du Code civil : « Les arrérages de rentes perpétuelles et viagères se prescrivent par cinq ans. »

De plus, lorsque les arrérages d'une rente nominative n'ont pas été réclamés pendant ce délai, l'inscription est mise à un compte spécial appelé « Compte des portions non réclamées ». Les arrérages ne peuvent plus, ensuite, être payés qu'en vertu d'une décision ministérielle.

Nota. — Il existait autrefois un comptable chargé

spécialement d'acquitter, à Paris, les arrérages de rentes ; c'était le Payeur central de la Dette publique. Ses fonctions ont été supprimées par décret du 12 août 1896.

Il existait autrefois, dans chaque département, un grand livre auxiliaire de la dette publique, qui a été également supprimé par la loi du 24 décembre 1896.

APPENDICE

DETTE A TERME OU REMBOURSABLE PAR ANNUITÉS

Voici, à titre d'exemple, l'explication de quelques-uns des articles de la « Dette à terme ou remboursable par annuités.

Intérêts des obligations à court terme pour le compte spécial de perfectionnement de l'armement.

La loi du 17 avril 1898 dispose :

Art. 1er. — Le Ministre des Finances est autorisé à ouvrir, parmi les services spéciaux du Trésor, un compte intitulé : « Perfectionnement du matériel d'armement et réinstallation des services militaires. »

Art. 2. — Seront portées en dépenses à ce compte..... les intérêts des obligations émises en vertu de l'art. 3 ci-après.

Art. 3. — Le Ministre des Finances est autorisé à émettre ou à négocier des obligations au Trésor à court terme.

Annuité à la Compagnie des chemins de fer P.-L.-M., loi 18 *février* 1898.

Cette loi approuve une convention dont voici les clauses principales.

Art. 1er. — A partir du 1er janvier 1897, le compte de garantie spécial à la ligne du Rhône au Mont-Cenis sera supprimé et cette ligne sera incorporée à l'ancien réseau de la compagnie P.-L.-M.

Art. 2. — Indépendamment de l'annuité de 1.707.200 fr. 92 inscrite au Budget du Ministère des Finances, à l'effet de rembourser à la compagnie les avances faites par elle pour le percement du tunnel du Mont-Cenis et pour les garanties 1870 et 1871, l'État paiera à cette dernière, pour chacune des années restant à courir jusqu'à l'expiration de la concession :

1° 2.400.000 en compensation du compte de garantie spéciale à la ligne du Rhône au Mont-Cenis ;

2° 146.000 en représentation des arriérés restant dus sur les garanties des exercices antérieurs à 1897.

Intérêts de la Dette flottante.

Les recettes et les dépenses, en capital, des éléments constituant la Dette flottante, ne figurent pas dans le Budget ; mais les frais y sont inscrits : Intérêts de la Dette flottante.

Intérêts des capitaux de cautionnement en numéraire.

Le versement et le remboursement des capitaux de cautionnements en numéraires font l'objet d'un service spécial. Mais les intérêts figurent en dépenses au budget général de l'État.

CHAPITRE II

LA DETTE VIAGÈRE

La dette viagère est l'ensemble des obligations de l'État qui s'éteignent par le décès du titulaire, (sauf les cas où l'obligation est reversible sur la tête de certains individus).

Elle se compose :

1° Des dettes viagères d'ancienne origine;

2° Des pensions;

3° D'indemnités diverses accordées à différents titres.

Les dettes viagères d'ancienne origine proviennent d'emprunts contractés jadis en rentes viagères. La première émission date de 1693; il n'en a pas été fait depuis la Révolution.

Au Budget de 1904, cet article ne figure que pour une somme de 790 francs.

PENSIONS

Les pensions sont des allocations viagères accordées aux fonctionnaires civils et militaires[1], après leur mise à la retraite.

[1] Et même, exceptionnellement, à certains individus. Il en sera parlé plus loin.

Elles se justifient par une double considération : d'une part, il convient de mettre à l'abri du besoin, après la cessation de leurs fonctions, les agents qui ont employé leur activité au service de l'État ; d'autre part, on aurait pu craindre, en ne leur assurant pas de pensions, que certains, moins scrupuleux et trop peu fortunés, ne fussent tentés de prévariquer.

« Il faut, disait Bonaparte[1], pouvoir donner des pensions à des hommes qui ont rendu des services civils, comme les préfets, les juges des tribunaux, les conseillers d'État, et à leur veuve. Quand il n'y a plus d'avenir pour les fonctionnaires publics, ils abusent de leur place. Le Directoire, ne pouvant pas donner de pensions, donnait des intérêts dans les affaires, chose immorale. On avait promis 12.000 francs à qui arrêterait un brigand, il a été arrêté, il a fallu payer les 12.000 francs ; une pension eut été plus économique. Des hommes de lettres sont dans le besoin, le Ministre de l'Intérieur leur donne 200.000 francs par an. C'est une forme désagréable, il n'y a rien là dedans de national, c'est une charité. »

Il convient de rappeler également la loi du 3-22 août 1790 :

« L'Assemblée nationale, considérant que chez

[1] Cité par Bresson, *Histoire financière*.

un peuple libre, servir l'État est un devoir que tout citoyen est tenu de remplir, et qu'il ne peut prétendre de récompense qu'autant que la durée, l'éminence et la nature de ses services lui donnent des droits à une reconnaissance particulière de la nation ; que, s'il est juste que dans l'âge des infirmités la patrie vienne au secours de celui qui lui a consacré ses talents et ses forces, lorsque sa fortune lui permet de se contenter des grâces honorifiques, elles doivent lui tenir lieu de toute autre récompense, décrète ce qui suit :

Art. 1er. — L'État doit récompenser les services rendus au corps social, quand leur importance et leur durée méritent ce témoignage de reconnaissance. La nation doit aussi payer aux citoyens le prix des sacrifices qu'ils ont fait à l'utilité publique.

Art. 2. — Les seuls services qu'il convient de récompenser sont ceux qui intéressent la société tout entière. Les services qu'un individu rend à un autre individu ne peuvent être rangés dans cette classe qu'autant qu'ils sont accompagnés de circonstances qui en font réfléchir l'effet sur tout le corps social.

Art. 3. — Les sacrifices dont la nation doit payer le prix sont ceux qui naissent de pertes qu'on éprouve en défendant la patrie ou des dépenses qu'on a faites pour lui procurer un avantage réel et constaté.

Art. 4. — Tout citoyen qui a servi, défendu, illustré, éclairé sa patrie, ou qui a donné un grand exemple de dévouement à la chose publique, a des droits à la reconnaissance de la nation et peut, suivant la nature et la durée de ses services, prétendre aux récompenses.

Il était utile de rappeler ces principes qui ont inspiré les dispositions du législateur sur la matière des pensions[1].

On distingue, parmi les pensions civiles, celles qui sont régies par la loi du 3-22 août 1790 et par le décret du 13 septembre 1806;

Et celles régies la loi du 9 juin 1853.

§ 1. — Pensions régies par la loi de 1790 et le décret de 1806

Voici les principales dispositions édictées par ces textes : Peuvent obtenir pension : les Ministres, Sous-Secrétaires d'État, Conseillers d'État, Préfets et Sous-Préfets.

Ils doivent avoir atteints l'âge de soixante ans, et avoir accompli trente ans de service, sauf, bien entendu, le cas d'infirmités.

Le montant de la pension est fixé au sixième du

[1] Consulter également, dans le recueil des Lois, Décrets, Ordonnances, l'exposé des motifs de la loi du 9 juin 1853 qui contient des considérations très intéressantes sur la question.

traitement moyen pendant les quatres dernières de services;

Si l'agent reste en fonction pendant plus de trente ans, on ajoute à la pension 1/30 des 5/6 restant pour chaque année au-dessus de trente.

« La pension ne pourra être liquidée au-dessus soit de 1.200 francs pour les traitements qui n'excéderont pas 1.800 francs, soit des 2/3 des traitements qui seront au-dessus de 1.800, soit enfin de 6.000, à quelque somme que monte le traitement. » Article 5 du décret du 13 septembre 1806.

Ni la veuve, ni les orphelins du titulaire d'une pension (ou d'un fonctionnaire décédé, ayant au moment de sa mort, droit à pension) n'ont droit d'*exiger* une pension. En fait, il leur en est accordé par le gouvernement. Le montant est de moitié ou du tiers de celle à laquelle le mari ou le père aurait eu droit.

« Aucune pension ne sera apportée à qui que ce soit avec clause de réversibilité ; mais *dans le cas de défaut de patrimoine*, la veuve d'un homme mort dans le cours de son service public, pourra obtenir une pension alimentaire et les enfants être élevés aux dépens de la nation, jusqu'à ce qu'elle les ait mis en état de pourvoir eux-mêmes à leur subsistance. » Art. 7, loi 3-22 août 1790. Une ordonnance du 17 juin 1820 a bien spécifié qu'il ne s'agissait pas là d'un droit « exigible en la forme contentieuse », mais seulement d'une faculté laissée à l'appréciation de l'administration.

Enfin, les fonctionnaires ayant droit à pension, dans les termes de la loi de 1790, n'ont point à verser de retenues : c'est une conséquence du principe que ces pensions ont le caractère de récompense nationale.

§ 2. — Pensions régies par la loi du 9 juin 1853

Les fonctionnaires ayant droit à pension dans les termes de la loi de 1853, sont (à l'exception des agents énumérés dans le paragraphe précédent) tous ceux qui ont été nommés et rétribués directement par l'État, à partir du 1er janvier 1854 [1].

Il faut même, par application de l'article 4 de la loi, comprendre « les fonctionnaires de l'enseignement rétribués en tout ou en partie sur les fonds départementaux ou communaux ou sur le prix des pensions payées par les élèves des lycées nationaux », de même que « les fonctionnaires et employés qui, sans cesser d'appartenir au cadre

[1] Il existait antérieurement à la loi de 1853 des Caisses de retraites au profit de certains fonctionnaires ; elles s'alimentaient au moyen de divers versements ; en fait, l'Etat couvrait l'insuffisance de leurs ressources au moyen de subventions. La loi de 1853 supprima ces caisses, et attribua leur actif au Trésor (art. 1) ; en revanche, elle mit à la charge de l'État toutes les « pensions existantes ou en cours de liquidation », dont ces caisses devaient payer des arrérages. Voir art. 2.

permanent d'une administration publique, et en conservant leurs droits à l'avancement hiérarchique sont rétribués en tout ou en partie sur les fonds départementaux et communaux, sur les fonds des compagnies concessionnaires, et même sur les remises et salaires payés par les particuliers. »

Pour avoir droit à pension, il faut, aux termes de l'article 19 de la loi, avoir été admis à faire valoir ses droits à la retraite : l'admission à la retraite peut, en effet, être *exigée* par les militaires, mais les fonctionnaires civils ne peuvent que la *solliciter*.

Il faut, en second lieu (art. 3 de la loi), avoir versé certaines retenues : « 5 p. 100 sur les sommes payées à titre de traitement fixe ou éventuel, de préciput, de supplément de traitement, de remises proportionnelles, de salaire, ou constituant, à tout autre titre, un émolument personnel ; une retenue du 12e des mêmes rétributions (exigible par quarts) lors de la première nomination, ou dans le cas de réintégration, et du 12e et toute augmentation ultérieure ; les retenues pour cause de congés et d'absences, ou par mesure disciplinaire. »

Les agents diplomatiques ne sont passibles de la retenue que sur le traitement fixe, et non sur les allocations supplémentaires.

Les Trésoriers généraux acquittent la retenue sur le traitement fixe, les taxations de la Caisse des dépôts et consignations, et les remises sur les coupes de bois extraordinaires.

« Les Trésoriers généraux, les Receveurs particuliers et les Percepteurs des Contributions directes ainsi que les agents ressortissant au Ministère des Finances qui sont rétribués par des salaires ou des remises variables, supportent ces retenues sur les trois quarts seulement de leurs émoluments de toute nature, le dernier quart étant considéré comme indemnité de loyer et de frais de bureau [1]. » Art. 3, loi 1853, *in fine*.

En troisième lieu, le fonctionnaire qui sollicite une pension doit avoir atteint l'âge de soixante ans et avoir accompli trente ans de service. Ces délais sont abaissés à vingt-cinq ans de service et cinquante-cinq d'âge pour les agents du service actif. Il faut une loi pour désigner les services actifs.

Les services aux colonies comptent pour moitié en sus de leur durée, mais il faut, en tout cas, que l'agent ait exercé effectivement ses fonctions pendant une durée au moins égale au 4/5 du temps nécessaire pour avoir droit à sa pension.

Ces délais ne sont pas applicables aux agents

[1] Au Budget de 1904, le montant des différentes retenues pour pensions civiles s'élevait à 30.019.540 francs; les pensions civiles attribuées en vertu de la loi de 1853 s'élevaient à 85,600.000. Mais il ne faut pas oublier que sous le régime antérieur à 1853, l'Etat couvrait déjà par des subventions l'insuffisance des ressources des caisses.

reconnus par le Ministre hors d'état de continuer leurs fonctions, par suite de leur santé.

Il existe, enfin, des règles particulières en faveur de ceux qui ont été mis hors d'état de continuer leur service, soit par suite d'un acte de dévouement, soit par suite d'accident, survenu dans l'exercice de leurs fonctions.

On compte, sauf quelques exceptions, les services à partir du premier traitement d'activité, après vingt ans accomplis.

Le droit à la pension se perd par la démission, la révocation, la destitution.

La quotité de la pension est fixée au produit du nombre d'années de services multiplié par le soixantième (pour les services sédentaires), par le cinquantième (pour les services actifs) du traitement moyen pendant les six dernières années [1]. Elle ne peut excéder ni les 3/4 du traitement ni les maxima fixés par la loi.

Lorsqu'un individu décède et qu'il est titulaire d'une pension ou en droit de la réclamer, sa veuve a droit à une pension fixée au tiers de celle à laquelle le mari aurait pu prétendre [2], à condition

[1] La pension est réglée pour chaque année de services civils à 1/60 cu traitement moyen. Néanmoins pour vingt-cinq ans de services entièrement rendus dans la partie active, elle est de la moitié du traitement moyen, avec accroissement pour chaque année de service en sus de 1/50. Art. 7 loi 1853.

[2] Le minimum de la pension de la veuve est fixé à 100 francs

toutefois que le mariage ait été célébré au moins six ans avant la mort[1].

Lorsque la mère est morte, ou inhabile à obtenir pension, les orphelins mineurs la recueillent en son lieu et place. Le montant en est toujours partagé entre eux, en sorte que la part de ceux qui décèdent, ou atteignent leur majorité, revient aux autres.

Lorsqu'un individu a fait son service, partie dans les fonctions prévues par la loi de 1790, partie dans celles prévues par la loi de 1853, sa pension est liquidée d'après les conditions qui régissent les services dans lesquels il était placé à l'époque de sa mise à la retraite.

Si l'agent a exercé ses fonctions, dans l'un et l'autre de ces services, pendant un espace de temps suffisant pour avoir droit à pension, soit dans les termes de la loi de 1790, soit dans les termes de la loi de 1853, il peut choisir, à son gré, le mode de liquidation qui lui convient.

sans pouvoir toutefois excéder le chiffre de celle à laquelle le mari aurait eu droit.

[1] Et même : « Les veuves des militaires, marins et assimilés, ainsi que les veuves des fonctionnaires civils placés sous le régime de la loi de 1853 ont droit à pension lorsque le mari réunit, au jour de son décès survenu après le 1er janvier 1896, vingt-cinq ans de services, tant militaires que civils et que la condition de durée de mariage requise par la loi de pension sous le régime de laquelle le mari était placé en dernier lieu, sera remplie. Lorsque la mère est décédée ou inhabile à recueillir la pension, ou déchue de ses droits, l'orphelin ou les orphelins ont droit, jusqu'à leur majorité, à une pension temporaire égale à celle que la mère a obtenu, ou aurait pu obtenir. » Art. 44, loi du 13 avril 1899.

§ 3. — Pensions militaires ou de la marine Pensions a titre exceptionnel

Les principales pensions militaires sont les suivantes : Pensions à titre d'ancienneté. Pensions pour blessures ou infirmité. Pensions proportionnelles réservées aux sous-officiers et soldats. Pensions de réforme aux officiers. Pensions aux veuves et orphelins.

Toute personne réunissant les conditions requises a droit à ces pensions. Pour le mode de liquidation, voir les lois spéciales.

Quant aux pensions à titre exceptionnel, on peut citer à titres d'exemples :

Indemnités viagères aux victimes du coup d'état du 2 décembre. Ce sont des pensions accordées soit aux victimes, soit aux veuves non remariées, soit aux ascendants ou descendants du premier degré.

Pensions ecclésiastiques sardes. — Accordées à la suite de l'annexion de la Savoie par convention du 23 août 1860.

§ 4. — Comptabilité des pensions

Il est tenu un grand livre des pensions où figurent toutes les inscriptions et annulations de pensions.

Ce livre est tenu à jour par les soins de l'agent comptable des pensions.

Pour obtenir une pension, l'intéressé doit adresser une demande, avec les pièces justificatives au Ministre compétent, c'est-à-dire à celui au département duquel sont rattachées les fonctions qu'il exerçait.

La demande doit être formée dans un délai de cinq ans à partir du moment où est né le droit de pension : passé ce délai, il y a prescription et le droit ne peut plus s'exercer.

Le Ministre liquide la pension et transmet le dossier à son collègue des Finances, pour entente ; ces documents sont ensuite transmis à la section des finances du Conseil d'État [1]. Le Ministre liquidateur prépare ensuite le décret de concession.

L'autorisation d'accorder des pensions, jusqu'à concurrence d'une somme déterminée est donnée annuellement à chaque Ministre par un décret répartissant les *Crédits d'inscription.*

L'autorisation d'acquitter l'ensemble des pensions liquidées est donnée par les *Crédits de paiement,* inscrits au Budget du Ministère des Finances (au titre de la Dette publique).

Il est prescrit aux comptables d'aviser, dans le plus bref délai, la Direction de la Dette inscrite du décès des pensionnaires, car les Crédits d'ins-

[1] Le contentieux des pensions appartient au Conseil d'Etat siégeant en Assemblée générale.

cription sont, en principe[1], limités au chiffre des extinctions.

Pour toucher le montant de sa pension, le titulaire doit présenter son titre, qui est un extrait de l'inscription faite sur le grand livre de la Dette viagère, et un certificat de vie dressé par un notaire.

Les pensions sont incessibles ; elles sont, de même, insaisissables en principe. Toutefois, elles peuvent être saisies jusqu'à concurrence du cinquième de leur montant pour débet envers l'État ou pour le recouvrement des créances privilégiées par l'article 2101 du Code civil ; jusqu'à concurrence du tiers pour cause d'aliments, en vertu des articles 203, 205, 206, 207, 214.

[1] Si ce chiffre est insuffisant, on demande des crédits supplémentaires d'inscription. Voir, par exemple, la loi du 30 juin 1904.
Art. 20, loi du 9 juin 1853.
Art. 51, loi du 26 janvier 1892.
Règlement d'Administration Publique du 8 août 1892.

CHAPITRE III

LA DETTE FLOTTANTE

§ 1. — Définition. — Son rôle

La Dette flottante est ainsi nommée, selon le Dictionnaire des Finances, parce que tantôt elle s'élève, tantôt elle s'abaisse.

Elle est constituée [1] par un ensemble d'emprunts tantôt remboursables à vue (par exemple, dépôts dans les caisses d'épargne) ; tantôt à échéance déterminée (Bons du Trésor) ; les uns sont volontaires (par exemple, les Bons du Trésor), les autres sont forcées (dépôts de comptables).

Mais, pour définir exactement la Dette flottante, pour en montrer l'utilité et le rôle, il faut, d'abord, donner quelques explications sommaires sur le Trésor.

Le Trésor est, au juste, l'ensemble des disponibilités de l'État, c'est-à-dire des sommes dont il a le maniement, dont il peut disposer [2].

[1] Voir art. 293 du décret de 1862.

[2] Il faut donc bien se garder d'établir une analogie quelconque entre le Trésor et la fortune de l'État. Parmi les sommes qui constituent le Trésor, il en est qui n'appartiennent pas à l'Etat dont celui-ci doit rendre compte. Inversement, l'Etat peut avoir des créances à recouvrer qui font partie de l'actif de son patri-

Dans chaque département, les fonds recouvrés par les comptables sont versés (centralisés) dans les mains du Trésorier général, qui ne garde lui-même en caisse que les sommes strictement nécessaires à ses besoins immédiats, et qui verse le surplus à la Banque de France, au compte du Caissier-Payeur central à Paris. Les fonds déposés ainsi figurent dans les bilans hebdomadaires de la Banque de France, sous la rubrique « Compte courant du Trésor ». Le montant de ce compte, plus les encaisses des divers comptables, constituent un ensemble, que l'on désigne sous le nom de Trésor.

C'est sur ce fonds que sont prélevées les sommes nécessaires au paiement des dépenses publiques. De là, les définitions qui sont parfois données. « Le Trésor est le banquier des Budgets... Le Trésor est le réservoir des ressources de l'Etat [1]. »

moine et qui cependant ne figurent point au Trésor, parce qu'il n'en a pas le montant en sa possession. De même la valeur de ses biens immobiliers n'est pas un des éléments du Trésor, qui se compose seulement de numéraire ou de valeurs.

[1] Ces définitions mettent en relief deux idées : les budgets sont un ensemble de droits à recouvrer et de dettes (à naître pour la plupart) à acquitter, tandis que le Trésor est une encaisse matérielle, dont le montant est augmenté ou diminué par l'exécution des recettes budgétaires.

En somme, les Budgets sont des personnalités fictives constituées par des droits et des obligations, — le Trésor représente du numéraire ou des valeurs.

Le produit des recettes du Budget est versé au Trésor, les sommes nécessaires au paiement des dépenses sont prélevées sur le Trésor.

Or, les revenus budgétaires, et principalement les impôts, doivent bien, normalement, fournir les ressources ; mais, dans tous les cas, il faut un fonds de roulement : les dépenses précèdent parfois les recettes, et on ne peut attendre, pour les acquitter, la rentrée des revenus qui leur seront appliqués. D'autre part, les Budgets se soldent parfois en déficit, c'est-à-dire que le montant des recettes d'un exercice est inférieur au chiffre des dépenses — dépenses qui cependant doivent être payées, à moins que l'État ne se déclare en faillite. Enfin, certains services exigent, pour leur exécution, des dépenses immédiates, qui seront ultérieurement couvertes par des dépenses correspondantes. Ce sont là des avances remboursables[1] : il est donc inutile d'y pourvoir, soit par l'établissement de taxes temporaires exceptionnelles, soit par l'émission d'un emprunt en rentes.

Il faut, par conséquent, de toute nécessité, un fonds dont le montant puisse faire face à l'ensemble des dépenses.

Les opérations dont l'ensemble constitue les divers articles de la Dette flottante ont pour objet de suppléer à l'insuffisance des moyens ordinaires.

La Dette flottante peut donc se définir : un ensemble d'emprunts, que l'État s'est fait consentir,

[1] Par exemple, voir plus loin aux « Services spéciaux » l'avance au Gouvernement Crétois. »

afin de se procurer, provisoirement, les sommes nécessaires à l'exécution des services publics ; ces emprunts sont destinés à suppléer l'insuffisance des ressources actuelles de l'État, ils doivent être remboursés au moyen du produit des revenus ordinaires ou extraordinaires [1].

« On ne doit guère espérer qu'il soit possible de supprimer complètement l'usage de ces engagements à brève échéance, dit M. Leroy-Beaulieu, on ne pourrait y arriver qu'en constituant de grandes réserves pécuniaires dans les caisses de l'État, ou bien en établissant les Budgets avec d'énormes excédents de recettes sur les dépenses. »

§ 2. — Eléments de la Dette flottante

Ainsi donc, la Dette flottante représente le montant d'un certain nombre d'emprunts ou d'avances ; ces emprunts, ces avances se rangent, sous diverses rubriques. En voici l'énumération, dans le Budget de 1904.

On distingue : 1° La Dette portant intérêt.

2° La Dette ne portant pas intérêts.

I. Dette portant intérêts. — Trésoriers-Payeurs

[1] En fait, il arrive parfois que l'on *consolide* : Consolider, c'est « annuler en échange de rentes perpétuelles ou d'obligations à long terme, les engagements à courte échéance ou à vue que comporte la Dette flottante. » M. Leroy-Beaulieu, *Traité de la Science des finances.*

généraux, leur compte d'avance envers le Trésor ;

Fonds des communes (départements) ;

Fonds des établissements publics (départements) ;

Fonds de la Ville de Paris ;

Fonds de divers établissements publics à Paris ;

Ministère de l'Instruction publique, son compte de fondations anglaises, écossaises, irlandaises ;

Caisse des dépôts et consignations, son compte courant ;

Caisse des dépôts et consignations, son compte de fonds non employés dans les Caisses d'Épargne ;

Caisse des dépôts et consignations, son compte de fonds non employés dans la Caisse nationale d'Épargne ;

Gouvernement beylical, son compte de fonds déposés ;

Service des Pompes funèbres, son compte courant ;

Capitaux des bons du Trésor en circulation ;

Crédit foncier de France, son compte courant ;

Protectorat de l'Annam et du Tonkin, son compte courant de l'emprunt de 80.000.0000.

II. Dette ne portant pas intérêts. — Fonds libres sur correspondants du Trésor et sur avances ;

Fonds libres sur Budgets départementaux ;

Imprimerie nationale ;

Fonds déposés par les divers corps de troupes des armées de terre et de mer ;

Trésorier des invalides de la Marine ;

Bons échus, sans intérêts depuis l'échéance ;

Mandats des Trésoriers-Payeurs généraux et autres comptables ;

Mandats du Trésor sur Trésoriers-Payeurs généraux.

Les comptes généraux des finances ont adopté, pour la classification des éléments, une autre division, plus logique, semble-t-il :

1° Effets à payer, — par exemple, bons du Trésor ;

2° Créances passives, — par exemple, dépôts de particuliers ;

3° Avances des comptables.

§ 3. — Explication des principaux articles

Trésoriers-Payeurs généraux, leur compte d'avance envers le Trésor. — Aux termes de l'article 1188 de l'Instruction générale, « les fonds particuliers des Receveurs généraux des finances se composent des fonds qui leur appartiennent et de ceux qui leur sont confiés par des particuliers ; ces derniers fonds doivent être versés en totalité au Trésor. »

Le montant de l'avance des Trésoriers généraux doit être au moins égal au montant de leur cautionnement.

Caisse des Dépôts et consignations, son compte courant. — Ce sont des fonds placés en compte courant et dont l'intérêt est bonifié à la Caisse des Dépôts et Consignations, en vertu de décisions annuelles du Ministre des Finances. »

Caisse des Dépôts et Consignations son compte de fonds non employés des caisses d'épargne. — Ce sont les « fonds appartenant aux caisses d'épargne dont l'administration a été confiée par la loi du 31 mai 1837 à la Caisse des Dépôts et Consignations, qui a la faculté de les placer au Trésor. »

Fonds libres des départements. — Aux termes de l'article 14 du Règlement sur la comptabilité départementale (Décret du 12 juillet 1893), « les fonds libres des départements sont obligatoirement déposés au Trésor ; ils ne sont pas productifs d'intérêts à leur profit. »

Bons du Trésor. — La loi de finances détermine le montant — en capital — des bons du Trésor que le Ministre des Finances est autorisé à mettre en circulation.

Ces bons[1] sont des obligations à très court terme, un an au maximum.

[1] Ce système d'emprunt remonte à la loi du 4 août 1824.

Ils sont à ordre ou au porteur.

Les titres sont détachés d'un registre à souche et portent la signature du Caissier payeur central, ainsi que le visa du contrôle. Ils sont délivrés par la Caisse centrale, sur autorisation du Ministre des Finances.

La valeur des bons du Trésor ne peut pas excéder 500 francs et doit être de 100 francs, ou multiple de 100 francs. Leur montant est établi pour le capital et l'intérêt cumulés. Le taux de l'intérêt est fixé par décision du Ministre des Finances, d'après l'état du marché des capitaux.

La prescription trentenaire est applicable aux bons du Trésor, c'est-à-dire que le porteur a un délai de trente ans à partir de l'échéance pour demander le remboursement de son titre.

§ 4. — Comptabilité de la Dette flottante

Les entrées et les sorties de capitaux n'affectant pas les chiffres du Budget, ne figurent naturellement pas dans les lois de finances. En somme, la Dette flottante constitue un Budget (d'emprunts et de prêts) particulier. Les rentrées, les sorties de fonds en capital, ne sont pas définitives; il n'en est pas de même des frais ou des bénéfices qui comportent ces opérations [1] : aussi le service de la

[1] Ainsi, au Budget de 1904 les intérêts de la Dette flottante du

dette (en recette et en dépense), doit figurer dans les lois de finances.

Le chiffre des recettes ou des dépenses résultant des opérations de la Dette flottante est constaté par une *commission spéciale*, et arrêté définitivement par le Ministre des Finances[2].

Voici la composition de cette commission : « Le Président de la section des finances du Conseil d'État, Président.

« Deux conseillers d'État et trois conseillers-maîtres de la Cour des Comptes, élus par les corps auxquels ils appartiennent.

« Un inspecteur général des Finances désigné par le Ministre des Finances.

« Des maîtres des requêtes au Conseil d'État et des conseillers référendaires à la Cour des Comptes, désignés par le Ministre des Finances, peuvent être adjoints à la commission, avec voix consultative.

« Des auditeurs au Conseil d'État, des auditeurs à la Cour des Comptes et des inspecteurs des finances peuvent être appelés, par le Ministre des Finances à concourir aux travaux de vérification de la commission. »

Trésor s'élevaient à 17.763.000 francs ; les recettes en atténuation des dépenses de la Dette flottante à 90.000 francs.

[2] Voir décret du 31 décembre 1881 et l'art. 295 modifié du décret de 1862.

Afin de permettre à cette commission d'exercer son contrôle, « le Directeur du Mouvement général des fonds établit, pour être remis au Président de la commission, le compte d'exercice des recettes et des dépenses ». De plus, « la commission se fait représenter les registres, états, journaux, décisions, pièces et autres documents propres à l'éclairer ».

D'après ces éléments, la commission établit un procès-verbal énonçant les chiffres qu'elle propose de fixer pour les recettes et dépenses de l'exercice.

« Sur le vu du procès-verbal, le Ministre des Finances arrête définitivement le compte des dépenses et des recettes vérifié par la commission, émet les ordonnances de régularisation des dépenses et fixe, par des décisions spéciales, le montant des recettes accessoires portées aux produits divers du Budget.

« Ces ordonnances et décisions opèrent la libération des comptables vis-à-vis de la Cour des Comptes. »

APPENDICE

SERVICES SPÉCIAUX AFFECTANT LA SITUATION DE LA DETTE FLOTTANTE

Les services spéciaux sont des services au profit desquels il est créé une sorte de Budget particulier non soumis à la limitation par exercice ; c'est-à-dire que les recettes et les dépenses qu'ils comportent, au lieu de figurer dans le Budget général (au budget du Ministère auquel chacun d'eux ressortit), sont *spécialisées* : les dépenses et les recettes sont groupées dans un compte ouvert pour chaque service spécial. Dans le projet de budget, on fait seulement ressortir, pour chaque service spécial, *le solde*.

Autrement dit, les services spéciaux retracent, en général, des opérations de *prêts ou d'emprunts à terme*. Les recettes ou dépenses, qui en résultent, ne sont pas inscrites aux chapitres budgétaires auxquels elles devraient logiquement figurer : — chaque service a un compte, un budget spécial, dont le solde importe seul au Trésor.

De plus, les opérations de recettes et de dépenses qui en découlent ne sont pas autorisées annuellement par la loi de finances, suivant les principes du droit commun : le plus souvent, l'autorisation est donnée, une seule fois et pour toutes les opérations ultérieures par la disposition législative qui a créé le service spécial[1].

L'avantage de ce procédé est qu'il permet de suivre la succession des opérations de recette et de dépenses concernant un même service ; en revanche, il rompt l'unité budgétaire, puisque ces mêmes opérations ne figurent point dans la loi de finances : il y a, en fait, création de budgets particuliers.

Quelques exemples permettront de mieux saisir ces principes.

La loi du 6 avril 1902 dispose :

« Le Ministre des Finances est autorisé à faire au Gouvernement Crétois, sur les fonds du Trésor, une avance de 1.000.000 qui sera constituée par le débit d'un compte à ouvrir parmi les comptes spéciaux du Trésor sous le titre : *Avance au Gouvernement Crétois*.

« Cette somme sera remboursée au moyen d'annuités ; la part d'annuités représentant le capital amorti sera portée au crédit du compte spécial. »

Ainsi donc : 1° le principe de la dépense — le Prêt — a bien été autorisé par le Parlement, mais son montant n'a figuré dans aucun Budget.

2° Les recettes, prévues et autorisées en même temps — le paiement des annuités —, ne font point, pour leur perception, l'objet d'une nouvelle autorisation donnée par la loi de finances.

3° Tous les ans, pour ce service spécial, on fera ressortir le solde du compte, c'est-à-dire la somme restant due.

4° Quand les recettes et les dépenses se balanceront,

[1] De là la définition qu'en donne M. Stourm : « Les services spéciaux du Trésor puisent directement au Trésor, en dehors des Budgets les ressources dont ils ont besoin ».

le service spécial disparaîtra purement et simplement de la comptabilité.

Par conséquent, les recettes et les dépenses des services spéciaux n'affectent que le Trésor ; elles n'augmentent ni ne diminuent les chiffres du Budget ; ce sont donc bien des budgets particuliers[1].

On peut encore citer, à titre d'exemple, parmi les Services spéciaux : AVANCE DE 40.000.000 FAITE AU TRÉSOR PAR LA BANQUE DE FRANCE.

« La Banque de France, par une convention du 31 octobre 1896, approuvée par la loi du 17 novembre 1897 portant prorogation de son privilège, jusqu'au 31 décembre 1920 s'est engagée à mettre à la disposition du Trésor Public, indépendamment de l'avance des 140.000.000 résultant des traités antérieurs du 10 juin 1857 et du 29 mars 1878, une nouvelle avance de 40.000.000 consentie pour la durée du privilège, garantie par des bons du Trésor et ne devant pas porter intérêts.....

« Les fonds versés par la Banque de France ont été portés au crédit du compte spécial, ce compte sera débité du montant des sommes appliquées aux budgets ou services dans la forme usitée en matière de fonds de concours, pour être attribuées à titre d'avances, sans intérêts, aux caisses régionales de crédit agricole mutuel qui auront été constituées d'après les dispositions de la loi du 5 novembre 1894 » (loi du 31 mars 1899,

[1] Toutefois, si une opération de prêt ou d'emprunt, constituant un service spécial, fait naître une dépense ou une ressource *définitive* (par exemple, paiement des intérêts), le montant figure dans la loi de finances — aux *Intérêts de la dette flottante*, s'il s'agit d'une dépense, — aux *Recettes en atténuation des dépenses de la dette flottante*, s'il s'agit d'une recette.

article 1 et du 13 avril 1900, article 10). — Comptes généraux des Finances.

AVANCES AUX COMPAGNIES DE CHEMINS DE FER FRANÇAIS POUR GARANTIE D'INTÉRÊTS

« L'article 14 de la loi du 8 août 1885, portant fixation du Budget général des recettes et des dépenses de l'exercice 1886, — a créé, à partir de l'année 1886, parmi les services spéciaux du Trésor, deux comptes intitulés :

Avances aux Compagnies de chemins de fer français pour garantie d'intérêts ;

Avance aux Compagnies de chemins de fer algériens pour garantie d'intérêts, qui doivent présenter :

En dépense, le montant, en capital et intérêts à 4 p. 100 l'an des sommes avancées par l'État, conformément aux conventions ratifiées par la loi du 20 novembre 1883 et par les lois antérieures :

En recette, les sommes remboursées par les Compagnies de chemins de fer conformément aux mêmes conventions. »

PRÊTS FAITS A L'INDUSTRIE. — Voir la loi du 1er août 1860.

AVANCE AU BUDGET LOCAL DE MAYOTTE POUR DÉGATS CAUSÉS PAR LE CYCLONE DU 27-28 FÉVRIER 1898

« Aux termes de la loi du 5 avril 1898, le Ministre des Finances a été autorisé à faire au budget local de la colonie de Mayotte, sur les fonds du Trésor, une avance de 500.000 francs remboursable, sans intérêts, à partir de 1903, au moyen de 20 annuités de 25.000 francs chacune.

« Le présent compte a été ouvert pour retracer ces opérations dans les écritures, de l'Administration centrale. Il doit présenter à son débit le montant de l'avance du Trésor, et, à son crédit, les sommes successivement remboursées à titre d'annuités. » Compte général des Finances.

Remarque. — Il n'est parlé ici que des *services spéciaux affectant la situation de la dette flottante.* Il existe, à côté d'eux, les *services spéciaux d'ordre compensés par le service des effets à payer.*

Sans entrer dans des explications détaillées au sujet de ces derniers, disons seulement qu'ils constituent des opérations de comptabilité, purement et simplement. Lorsqu'il est émis des valeurs remboursables à échéance plus ou moins éloignée, on établit :

1° Un compte d'effets à payer, crédité du montant des titres émis, et débité des remboursements successifs.

2° Un service spécial, débité du montant des titres émis, et crédité des remboursements successifs.

3° Un compte d'emploi.

QUATRIÈME PARTIE

COMPTABILITÉ ET CONTROLE DES ORDONNATEURS ET DES COMPTABLES

CHAPITRE PREMIER

COMPTABILITE ET CONTROLE DES ORDONNATEURS

§ 1. — Objet du contrôle

Les ordonnateurs ont pour mission d'engager, liquider et ordonnancer les dépenses, en exécution des dispositions de la loi de finances ou de lois spéciales.

Par conséquent, leurs écritures doivent faire ressortir la cause et le montant des opérations d'engagement, de liquidation, et d'ordonnancement; c'est-à-dire qu'elles doivent exprimer les services pour lesquels il a été engagé, liquidé, et ordonnancé des sommes — et présenter le montant de ces sommes. Un simple rapprochement avec le libellé des chapitres et l'indication des crédits alloués à chacun d'eux, permet de vérifier : 1° si les opérations ont bien été régulièrement autorisées; 2° si les limites assignées aux dépenses n'ont pas été dépassées.

Les comptes des ordonnateurs sont naturellement rendus par exercice, puisque c'est le délai imparti pour l'exécution des dispositions de la loi de finances.

§ 2. — Réglementation de la comptabilité

Les ordonnateurs secondaires tiennent, à cet effet, quatre livres principaux :

1° Un livre journal des crédits délégués, qui « reçoit l'enregistrement sommaire et en masse du montant des ordonnances ou extraits d'ordonnances, dans l'ordre d'arrivée des lettres d'envoi, portant avis de la délégation des crédits. Quant aux crédits ou portions de crédits, dont les ordonnateurs secondaires cessent d'avoir la faculté de disposer, en raison de leur annulation dans les écritures centrales des Ministères, il en est fait mention sur le même livre, par suite de l'avis reçu à cet effet du secrétariat général ». Règlement de 1866, article 172.

2° Un livre d'enregistrement des droits des créanciers.

« Les droits acquis aux créanciers du Ministère des Finances, dit l'article 173 du règlement précité, sont constatés sur le livre destiné à l'enregistrement de ces droits, aussitôt après que leur fixation est déterminée par le résultat des liquidations (en d'autres termes dès que le montant de la créance est liquidé), et lors même que la délivrance des mandats de paiement devrait être ajournée, soit en raison de l'absence des ayants droit, soit en cas de litige ou pour tout autre motif.

« Les ordonnateurs secondaires n'arrêtent le livre des droits constatés qu'après y avoir inscrit chaque mois, sous la date du dernier jour, les droits personnels acquis pour ce même mois à tous les titulaires d'emplois de leur service. »

3° Un livre journal des mandats délivrés, « consacré à l'enregistrement immédiat et successif, par ordre numérique de tous les mandats individuels ou collectifs émis par l'ordonnateur secondaire. » Article 174, même règlement.

4° Enfin, un livre de comptes par nature de dépense « destiné à rapprocher et à présenter sous un seul aspect, pour chaque division de la nomenclature détaillée du Budget, les crédits délégués, les mandats délivrés et les paiements effectués ». Les paiements sont portés à la connaissance des ordonnateurs secondaires, au moyen d'un état appelé *relevé des mandats acquittés*, qui leur est envoyé par les comptables du Trésor, dans les premiers jours du mois suivant.

Les ordonnateurs secondaires adressent tous les mois au bureau de l'ordonnancement du Ministère auquel ils ressortissent, une situation présentant le résumé des opérations effectuées durant le mois écoulé. Elle présente, par chapitres du Budget, et s'il y a lieu, par articles et paragraphes :

1° Les crédits délégués ;

2° Les droits constatés au profit des créanciers ;

3° Les mandats délivrés ;

4° Les paiements effectués.

C'est grâce à ces documents que chaque Ministre peut tenir sa comptabilité, telle que le prescrit l'article 296 du décret du 31 mai 1862 :

« Une comptabilité centrale établie dans chaque Ministère constate toutes les opérations relatives à la liquidation, à l'ordonnancement et au paiement des dépenses.

« A cet effet, il est tenu dans chaque Ministère un journal général, et un grand livre en partie double, dans lequel sont consignées sommairement et à leur date toutes les opérations concernant la fixation des crédits (disposition législative portant fixation du crédit, et décret de distribution mensuelle de fonds), la liquidation et l'ordonnancement des dépenses[1]. »

[1] De plus la loi du 26 décembre 1890 et le décret du 14 mars 1893 prescrivent la tenue dans chaque Ministère d'une comptabilité des dépenses engagées. Il est bien évident que c'est là une simple comptabilité de prévision, qui n'offre aucune certitude, quant aux conséquences financières réelles. Enfin l'article 53 de la loi de finances de 1903 dispose . « Le contrôleur des dépenses engagées

Voici en quelle forme :

Il est passé écritures :

1° Des crédits budgétaires, d'après les lois et décrets portant ouverture et répartition de ces crédits, ainsi que d'après les dispositions législatives ou réglementaires concernant, soit l'emploi de ressources affectées à des dépenses locales, soit la faculté de report de crédits spéciaux d'un exercice à un autre ;

2° Des droits des créanciers sur les pièces et documents émanés des liquidateurs de ces droits ;

3° Des ordonnances ministérielles de paiement ou de délégation, au vu de ces pièces mêmes, et des mandats des ordonnateurs secondaires, d'après les résultats des écritures de ces fonctionnaires arrêtées au dernier jour de chaque mois ;

4° Des paiements effectués sur ordonnances directes et sur mandats des ordonnateurs secondaires, d'après les documents mensuels, que le secrétariat général reçoit à cet effet de la Direction générale de la Comptabilité publique.

Au moyen de leur comptabilité centrale, établie dans la forme ci-dessus indiquée, et d'après les documents ci-dessus énumérés, les Ministres résu-

dans chaque Ministère est nommé par décret contresigné par le Ministre des Finances et par le Ministre intéressé.

« Le contrôleur des dépenses engagées adresse ses avis directement et en double exemplaire, au Ministre des Finances et au Ministre dans les services duquel il exerce son contrôle. »

ment les opérations de l'exercice dans des relevés appelés Comptes généraux. Leur présentation est prescrite en ces termes par l'art. 152 du décret du 31 mai 1862 : Les ministres présentent à chaque session les comptes imprimés de leurs opérations pendant l'année précédente.

« Ces comptes, qui se règlent par exercice, comprennent l'ensemble des opérations qui ont lieu pour chaque service, depuis l'ouverture jusqu'à la clôture de l'exercice. » Art. 153.

« Les comptes de chaque exercice doivent être établis d'une manière uniforme, et présenter les mêmes divisions que le Budget. » Art. 155, du même décret.

Il a été dit, plus haut, que les Ministres devaient justifier que les opérations d'engagement, d'ordonnancement et liquidation avaient été faites conformément aux lois et règlements, et dans la limite des autorisations.

En conséquence, les comptes se composent (art. 185 du règlement des finances de 1866) :

1° « D'un état indicatif de l'origine des crédits législatifs, qui récapitule les modifications successivement apportées aux prévisions du Budget et détermine les fixations définitives devenues la base du compte de l'exercice. »

Ainsi donc, pour chaque chapitre, on fera ressortir : les crédits primitifs ouverts par la loi de finances ;

Les annulations de crédits;

Les virements des comptes;

Les crédits supplémentaires ou extraordinaires accordés;

Les fonds de concours, les dépenses sur exercices clos et périmés.

On en déduit immédiatement le total général des crédits; on en rapproche les dépenses résultant des services faits et on tire le solde (c'est-à-dire l'excédent des crédits sur les dépenses ou au contraire des dépenses sur les crédits);

2° « D'un tableau présentant, par sections et par chapitres, tous les résultats de la situation définitive de l'exercice expiré, qui servent de base à la loi proposée pour le règlement du Budget de cet exercice. »

Ce tableau indique, pour chaque chapitre : les crédits accordés par le Budget primitif et par les lois spéciales; les dépenses résultant des services faits (on distingue les droits constatés, les paiements effectués et, s'il y a lieu, les dépenses restant à payer à la clôture de l'exercice). On fait ressortir le solde, soit qu'il y ait un excédent de dépenses sur les crédits, soit, au contraire, qu'il y ait excédent de crédits sur les dépenses. Comme conclusion, et pour aboutir au règlement définitif des crédits, le tableau présente : les crédits complémentaires à accorder pour l'excédent des dépenses sur les crédits;

Les crédits, non consommés par les dépenses, à annuler définitivement;

Les crédits à annuler pour les dépenses restant à payer (c'est-à-dire les annulations d'ordre);

Enfin les crédits définitifs de l'exercice.

3° « De développements, par subdivisions de chapitres, destinés à expliquer, avec tous les détails propres à chaque nature de service, les dépenses constatées, les paiements effectués et les créances restant à solder à l'époque de la clôture de l'exercice;

4° « D'un tableau comparatif, par chapitre, des dépenses de l'exercice expiré avec celles de l'exercice précédent, expliquant les causes des différences qui résultent de cette comparaison. »

On voit clairement que ces documents permettent de connaître : les crédits ouverts;

Les dépenses constatées ou droits acquis aux créanciers de l'État;

Les paiements effectués et les dépenses restant à payer, — ce qui est précisément l'objet que l'on se proposait.

§ 3. — Contrôle

L'exactitude de ses comptes est garantie, d'abord par l'examen, auquel procède la commission de vérification des comptes des Ministres.

Cette commission vérifie la concordance des

comptes ministériels, dont il vient d'être parlé, avec les écritures centrales tenues dans chaque Ministère et avec le grand livre de la comptabilité générale des finances.

Ensuite, les opérations des ordonnateurs se traduisant, en définitive, par un paiement, la vérification des paiements permet de remonter aux opérations des ordonnateurs et de contrôler les indications, par eux fournies.

— Aux annexes du procès-verbal, figure un « tableau comparatif des recettes et des paiements constatés par les comptes individuels qui ont été produits à la Cour des Comptes pour l'exercice, avec les résultats du compte définitif, servant de base au Projet de loi portant règlement du Budget du même exercice », qui a cet objet.

— En second lieu, la Cour des Comptes rend annuellement une déclaration générale de conformité, tendant à constater la concordance entre les écritures des comptables et les écritures des ordonnateurs. Elle est ainsi conçue.

« La Cour déclare :

« Que les recettes et les dépenses comprises dans les comptes des Ministres pour l'exercice... sont conformes aux résultats des arrêts rendus sur les opérations correspondantes portées dans les comptes des agents comptables des finances, et appuyées des pièces justificatives qui leur servent de preuve. »

Ces différents contrôles ont pour objet de donner un caractère d'authenticité et de sincérité absolues aux comptes des différents Ministres, lesquels servent de base à l'établissement de la loi de règlement définitif du Budget ; — c'est-à-dire que ces documents sont les éléments fournis aux Chambres pour leur permettre de juger les opérations des Ministres.

§ 4. — Responsabilité des ordonnateurs Sanction

D'après l'art. 41 du décret du 31 mai 1862 « les Ministres ne peuvent, sous leur responsabilité, dépenser au delà des crédits ouverts à chacun d'eux, ni engager une dépense nouvelle avant qu'il ait été pourvu au moyen de la payer par un supplément de crédit ».

Et l'article 9 de la loi du 15 mai 1850 édicte la sanction des dépassements de crédits, en termes encore plus précis : « Toute dépense dépassant le crédit sera laissée à la charge du Ministre contrevenant. »

Ces textes définissent fort clairement les obligations des ordonnateurs — et les pénalités qu'ils encourent en cas de contravention. Par malheur, ils sont inappliqués et d'ailleurs inapplicables, attendu qu'aucune autorité, ni aucune juridiction n'est investie du droit de constituer un administrateur — débiteur d'une somme d'argent, à raison d'une infraction à ces règles de la comptabilité publique. D'ailleurs, la dette dont ils auraient à répondre à ce titre dépasserait de beaucoup, le plus souvent, les ressources d'un simple particulier.

Ce n'est point à dire cependant que suivant les paroles de Montcloux (cité par M. Stourm : le Budget), « on laisse les ordonnateurs se mouvoir dans leur indépendance et leur insolvabilité ; que la gestion de l'ordonnateur soit au-dessus de tout examen ; que les erreurs les plus grossières, les manœuvres les plus frauduleuses puissent se commettre dans les liquidations, sans que la justice financière ait rien à y voir ». Leur irresponsabilité n'est pas si complète.

D'abord, comme le remarque fort judicieusement M. Stourm, les ordonnateurs, d'après l'article 35 du décret du 31 mai 1862 « sont responsables des certifications qu'ils délivrent ».

Ensuite, l'émission de mandats fictifs [1], établis, soit pour se créer des disponibilités, soit pour

[1] « Ce procédé consiste à délivrer un mandat pour une dépense qui n'a pas été faite, ou par une dépense autre que celle qui a été faite : il suppose un créancier imaginaire ou un créancier complaisant, qui, associant sa complicité à celle de l'ordonnateur, consent à exagérer une facture ou même à la dénaturer. Circulaire l'Intérieur, 25 mars 1872, citée par M. Stourm.

masquer des détournements, les expose à des poursuites au civil pour réparation du préjudice causé dans le premier cas, à des poursuites au criminel dans le second.

En second lieu, bien que la Cour des Comptes ne puisse en aucun cas s'attribuer de juridiction sur les ordonnateurs (art. 426 du décret de 1862), elle signale, dans son rapport annuel au Président de la République, les infractions aux règles de la Comptabilité publique commises par les ordonnateurs dans l'exercice de leurs fonctions[1]. Par exemple, dans ses observations sur l'exercice 1901, on relève ces remarques.

«... Au budget du Ministère de la Guerre, la Cour a constaté qu'un capitaine d'état-major au 2e bureau, a été payé sur le chapitre XI au lieu de l'être sur le chapitre I.

« Au Ministère de la Marine les crédits du chapitre I — Traitement du Ministre et personnel de l'administration centrale — ont été indûment accrus du montant des dépenses ci après... »

Enfin, les ordonnateurs secondaires sont surveillés par leurs supérieurs hiérarchiques, qui sont tenus au courant de leurs opérations au moyen des états, périodiquement envoyés, dont il a été parlé plus haut. Seulement, aucune autorité ne serait

[1] Elle exerce un « droit de regard ».

qualifiée pour les constituer en débet ; la seule sanction que comporte une infraction serait donc une mesure administrative, telle que déplacement, rétrogradation ou révocation.

Quant aux ordonnateurs principaux, les Ministres — la véritable sanction de leurs actes est la responsabilité ministérielle, — responsabilité uniquement politique d'ailleurs, et d'autant plus inefficace que le contrôle n'intervient le plus souvent que longtemps après la cessation des fonctions de l'intéressé.

Remarque. — On dit que les comptes présentés par les Ministres sont des *comptes moraux*, pour exprimer que la responsabilité qu'ils encourent n'est pas pécuniaire, qu'elle est purement morale.

CHAPITRE II

COMPTABILITÉ ET CONTROLE DES COMPTABLES

§ 1. — Objet du contrôle

Les comptables sont des agents chargés des opérations matérielles de recouvrements de recettes, paiement de dépense, et mouvements de fonds[1] ; ils effectuent donc à la fois des opérations budgétaires et des opérations de Trésorerie. Ils ont à justifier que ces opérations ont été faites conformément aux lois et règlements ; ils doivent, par suite, représenter les pièces de nature à en établir la régularité.

D'autre part, les comptables ont à prouver que leur situation de caisse est conforme aux indications fournies par leurs écritures, — en d'autres termes, que le solde est égal à la quantité de valeurs métalliques ou fiduciaires constituant leur encaisse.

Leurs écritures doivent, par suite, décrire le

[1] Mais certains d'entre eux appelés *comptables d'ordre* n'ont d'autre mission que de constater dans leurs écritures des opérations qu'ils n'ont pas effectuées eux-mêmes. Leurs obligations sont seulement celles d'un mandataire.

détail de leurs opérations et faire ressortir le solde. Elles seront appuyées de pièces justifiant chacune des opérations de recettes (pièces de recouvrement), de dépenses (pièces de dépenses) ou opérations de Trésorerie qui y sont portées.

Le contrôle résultera de la comparaison de l'encaisse avec les écritures appuyées de pièces justificatives.

Remarque. I. — Il n'est pas inutile d'insister sur cette considération que le contrôle porte sur deux points bien distincts :

1° Les opérations ont-elles été régulièrement effectuées ? C'est la comparaison des écritures et des pièces justificatives.

2° Les opérations, réellement effectuées, ont-elles bien été toutes décrites dans la comptabilité ? Cela résulte de la comparaison entre les écritures et l'encaisse. En ce sens on pourrait dire — et cela est, d'ailleurs, bien évident — qu'un détournement est une opération non décrite [1].

II. — De ce qui précède, il résulte que les obligations des comptables sont celles d'un dépositaire — puisqu'ils doivent rendre compte des sommes qu'ils ont reçues pour le compte du Trésor, — et celles d'un mandataire, puisqu'ils ont à justi-

[1] C'est d'ailleurs l'application immédiate du principe posé par l'Instruction de 1859 relativement à leurs écritures : le comptable doit décrire tout ce qu'il fait, et rien que ce qu'il fait. Art. 1440.

fier des opérations d'administration qu'ils ont faites pour le compte de ce même Trésor.

§ 2. — Réglementation de la comptabilité

« Tout comptable chargé de la perception des droits et revenus publics est tenu d'enregistrer les faits de sa gestion sur les livres ci-après : 1° un livre journal de caisse et de portefeuille où sont consignées les entrées, les sorties des espèces et valeurs et le total de chaque journée ; 2° des registres auxiliaires, destinés à présenter les développements propres à chaque nature de service ; 3° un sommier ou livre récapitulatif, résumant ses opérations selon leur nature et présentant sa situation complète et à jour. » Décret du 31 mai 1862, art. 309.

Quant aux comptables, chargés des paiements et généralement des opérations de Trésorerie — ce sont surtout les Trésoriers-Payeurs généraux et les Receveurs particuliers des finances — ils tiennent les livres suivants :

« Des livres élémentaires ou de premières écritures.

Un journal général.

Un grand livre.

Et des livres auxiliaires.

Les opérations de toute nature sont d'abord consignées en détail, au moment même de leur exécution sur des livres élémentaires ; elles sont à la fin de la journée résumées au journal et classées dans les comptes ouverts sur le grand livre ; enfin, les développements de ces comptes sont établis sur des livres auxiliaires. » Art. 331, décret de 1862.

Le Ministre des Finances, pour établir sa comptabilité centrale, se fait adresser périodiquement par les comptables *des états* présentant le résumé des opérations pendant la dernière période (c'est-à-dire depuis le dernier envoi d'états).

Les livres de la Comptabilité générale des Finances sont : un journal général ; un grand livre ; des livres auxiliaires.

§ 3. — Réglementation du contrôle

Contrôle des agents comptables. — 1° L'encaisse de chaque comptable est solennellement constatée au 31 décembre de chaque année, par les fonctionnaires compétents.

« Les écritures et les livres des comptables de deniers publics sont arrêtés le 31 décembre de chaque année, ou à l'époque de la cessation de leurs fonctions par les agents administratifs désignés à cet effet.

La situation de leur caisse et de leur portefeuille est vérifiée aux mêmes époques et constatée par procès-verbal. » Art. 22 du décret du 31 mai 1862.

D'autre part, dans le cours de l'année, des états sont envoyés périodiquement par les comptables à leurs supérieurs hiérarchiques, pour faire connaître — d'une part le montant de l'encaisse, — d'autre part le résumé des opérations pendant la dernière période : à tout moment, le solde [c'est-à-dire le rappel de l'encaisse au début de la gestion, augmenté des recettes et diminué des dépenses] doit être égal à l'encaisse.

2° L'exactitude de ces documents, et la régularité des écritures est contrôlée par des vérifications inopinées faites sur place, tant par les supérieurs hiérarchiques que par des agents spéciaux détachés du Ministère des Finances (Inspection générale des Finances). Ces vérifications ont pour objet, d'une part, de constater la situation vraie de la caisse, d'autre part, de vérifier la conformité entre les écritures et les pièces qui ont servi à les établir, enfin d'examiner ces pièces justificatives et de s'assurer de leur régularité. C'est là, le contrôle administratif.

3° A cet examen succède celui de la Cour des Comptes, qui intervient seulement à la fin de la gestion des comptables et qui porte tant sur l'exactitude matérielle que sur la régularité de leurs opérations[1].

[1] C'est un contrôle judiciaire.

On distingue, à ce point de vue, les comptables directs et les comptables subordonnés : les premiers rendent leurs comptes à la Cour directement et sans intermédiaire ; quant aux seconds, leurs opérations, figurant dans la comptabilité de leurs supérieurs hiérarchiques (dans laquelle elles sont fondues), y sont jugées en même temps que les comptes de ceux-ci.

Les principaux comptables directs sont : les Trésoriers-Payeurs généraux, les Receveurs de l'Enregistrement, les Receveurs principaux des Douanes, des Contributions indirectes, des Postes et Télégraphes.

Parmi les comptables subordonnés, on peut citer : les Receveurs particuliers des Finances et les Percepteurs des Contributions directes dont la comptabilité vient se fondre dans celle de leur Trésorier général ; les Receveurs ordinaires des Douanes, Contributions indirectes, Postes et Télégraphes.

Remarque. — Les comptables rendent leurs comptes par *gestion*. La gestion est divisée en deux parties, puisque certaines opérations d'une année peuvent appartenir à l'exercice auquel l'année précédente a donné son nom. C'est ce qu'exprime l'art. 317 du décret du 31 mai 1862 : « Les comptes sont rendus par gestion annuelle ; ils doivent comprendre tous les faits accomplis pendant la durée de chaque année.

« Ces comptes sont formés en deux parties séparées, l'une comprenant les opérations complémentaires de l'exercice expiré, l'autre celle de la première année de l'exercice courant ; celle-ci rappelle les opérations de la première partie, afin de résumer l'ensemble de la gestion annuelle. »

Établissement et contrôle des comptes du Ministre des Finances. — Il a été expliqué plus haut comment les comptabilités particulières des comptables servaient à l'établissement d'une comptabilité centralisatrice au Ministère des Finances. D'après les éléments fournis par cette dernière, le Ministre des Finances établit trois comptes.

1° Un compte définitif des dépenses. Ce document est analogue à ceux que présentent les autres Ministres, et dont l'explication a été donnée plus haut.

2° Un compte définitif des recettes, qui fait ressortir : le chiffre des évaluations, — les droits constatés, non valeurs, recouvrements, restes à recouvrer — la comparaison des recettes avec les évaluations — un développement des recettes par département — une comparaison des recouvrements et des restes à recouvrer avec ceux de l'exercice précédent. Ces renseignements sont développés dans une seconde partie, par branches de revenus. Ainsi donc, tandis que la première partie est établie en vue du contrôle législatif, la seconde est faite au point de vue administratif et de la perception de l'impôt.

3° Un compte général de l'Administration des finances.

Ce compte a, d'abord, pour objet de permettre un rapprochement entre les comptes des ordonnateurs rendus par exercice, et les comptes des comptables rendus par gestion. L'examen auquel procède le Parlement porte, en effet, sur le total des opérations effectuées par les uns et les autres; il ne peut être question, bien entendu, d'astreindre les Chambres au contrôle des opérations prises une à une. Mais il a été dit que l'exercice comprenait une année entière, plus une fraction de l'année suivante; que la gestion comprend une période de douze mois exactement. Pour arriver à « certifier les opérations des ordonnateurs, en les appuyant sur celles des comptables », il faut donc établir des comptes qui présentent, dans une gestion, la distinction des opérations appartenant à l'un et l'autre exercice. « L'exactitude des comptes d'exercice, disait l'exposé de Béranger, commissaire du Roi en 1819, ne peut être pleinement démontrée que par leur conformité avec ceux des agents de recettes et de dépenses. Entre ceux-ci, réglés par gestion, et ceux du Budget réglés par exercice, il faut établir une corrélation qui permette de se reporter des uns aux autres, pour les contrôler. »

Ce compte présente, en second lieu, la situation du Trésor, les opérations de Trésorerie, le résultat des Budgets. Dans un second volume, on retrace les comptes de la Dette publique.

On voit donc que : 1° d'une part, le compte général des finances permet de passer des comptes de gestion aux comptes d'exercice. « L'addition des totaux de la première partie d'une gestion avec ceux de sa partie complémentaire, l'année suivante, suffit pour reconstituer l'exercice. » M. Stourm, *le Budget*.

2° D'autre part, il fournit les renseignements qui permettent de connaître exactement la situation des finances publiques. (Voir aux annexes l'examen détaillé de ce document.)

Contrôle. — De même que pour les comptes définitifs des autres Ministères, l'exactitude des trois comptes présentés par le Ministre des Finances est garantie par l'examen auquel procède la commission de vérification des comptes des Ministres, et par une déclaration de la Cour des Comptes.

Et d'abord, la commission doit constater la concordance entre ces comptes et les écritures centrales tenues au Ministère des Finances.

En second lieu, la Cour rend une déclaration générale de conformité à l'effet de constater la concordance entre les écritures des comptables et les comptes généraux des finances. Elle est ainsi conçue :

La Cour déclare :

« Que le compte général pour l'administration des finances pour l'année... est d'accord avec les arrêts rendus sur les comptes individuels présentés par les agents comptables des finances pour ladite année. »

Ce double examen garantit que les comptes présentés par le Ministre des Finances sont conformes à la réalité des faits, et que les comptes présentés par les autres Ministres concordent bien avec les résultats des opérations des comptables des finances.

§ 4. — Responsabilité de comptables Sanctions

Les obligations d'un comptable, avons-nous dit, sont celles d'un dépositaire — en tant qu'il doit répondre des fonds déposés dans sa caisse ; et celles d'un mandataire — en tant qu'il doit justifier des opérations effectuées pour le compte de l'État.

C'est ce qu'expriment les articles 21 et 24 du décret du 31 mai 1862 :

Art. 21 : « Chaque comptable est responsable des fonds déposés dans sa caisse. »

Art. 24 : « Chaque comptable n'est responsable que de sa gestion personnelle. » — Ce texte signifie seulement qu'un comptable n'est pas engagé par les actes de ses prédécesseurs ou de ses successeurs; mais certains comptables répondent des actes de leurs subordonnés, art. 322 et suivants du décret, (voir plus loin, *Responsabilité hiérarchique*).

Il en résulte que les comptables sont responsables à la fois des deniers qui leur sont confiés et des actes de leur administration : donc les infractions dont ils peuvent se rendre coupables sont : ou bien des irrégularités dans les opérations (non observation des règles de la comptabilité publique), et c'est une faute du mandataire; ou bien des détournements, et c'est un manquement aux obligations du dépositaire.

La preuve résulte des contrôles exercés sur eux.

Infractions aux règles de la comptabilité publique. — On dit qu'un comptable est en *débet* lorsque l'examen de sa gestion fait ressortir à sa charge une dette au profit du Trésor. L'autorité qui déclare le débet *reconnaît l'existence de la dette; elle ne crée pas la dette.* Suivant les règles du droit commun c'est à l'autorité judiciaire, représentée ici par la Cour des Comptes[1], qu'il appartient de constater les droits des parties, c'est-à-dire de déclarer un débet.

Mais tout comptable peut être provisoirement déclaré en débet par ses supérieurs hiérarchiques et notamment par le Ministre des Finances; dans ce

[1] Qui est une juridiction administrative.

dernier cas l'arrêté qu'il prend est susceptible d'un recours devant le Conseil d'État.

L'arrêt rendu par la Cour des Comptes, à l'effet de constituer un comptable en débet est définitif : ce qui, bien entendu, ne fait pas obstacle au droit du chef d'État de prononcer la remise totale ou partielle des sommes mises à la charge de celui-ci[1]. De plus, le Ministre des Finances peut — en cas de force majeure ou de vol — remettre en tout ou en partie le montant de la condamnation. Mais lorsque la Cour a rendu un arrêt de quitus sur la gestion d'un comptable, celui-ci ne peut plus être constitué en débet, à moins que des vérifications postérieures ne manifestent l'existence de faits inconnus au moment de l'examen de ses opérations. Par exemple, au cas où un faux serait révélé.

Le recouvrement des débets est poursuivi par l'Agent judiciaire du Trésor, qui est avisé de leur existence par voie de notification[2].

Les débets produisent un intérêt de 5 p. 100 au profit de l'État.

[1] Art. 13, loi du 9 juin 1852 : Aucune remise totale ou partielle de débet ne pourra être accordée à titre gracieux que par le Président de la République en vertu d'un décret publié au *Journa Officiel* sur le rapport du Ministre liquidateur et sur l'avis du Ministre des Finances et du Conseil d'État.

[2] Art. 326 du décret du 31 mai 1862 : « Les comptables en exercice versent immédiatement dans leur caisse le montant des droits dont ils sont déclarés responsables ; s'ils ne sont plus en fonctions, le recouvrement en est poursuivi entre eux à la diligence de l'agent judiciaire du Trésor public.

Détournements. — On dit qu'un comptable est en *déficit* lorsque l'examen de sa gestion fait constater qu'il a détourné des fonds dans sa caisse. C'est évidemment la cause la plus grave d'un débet.

Dès qu'un déficit est constaté dans la caisse d'un comptable, celui-ci est suspendu de ses fonctions ; et lorsque le montant de sa dette est liquidé, on en poursuit le recouvrement comme pour un débet ordinaire. Mais ce n'est encore là qu'une réparation civile destinée à indemniser l'État du préjudice causé : les comptables qui ont détourné des deniers publics ou privés, à eux remis à raison des fonctions qu'ils exercent, sont encore passibles des peines portées par les articles 169 et suivants du Code pénal, contre le crime de *forfaiture*[1] Art. 169 : « Tout percepteur, tout commis à une perception, dépositaire au comptable public qui aura détourné ou soustrait des deniers publics ou privés, ou effets actifs en tenant lieu, ou des pièces, titres, actes, effets mobiliers qui étaient entre ses mains en vertu de ses fonctions, sera puni des travaux forcés à temps, si les choses détournées ou soustraites sont d'une valeur au-dessus de 3.000 francs. »

Art. 170 : — « La peine des travaux forcés à temps aura lieu également quelle que soit la valeur des deniers ou des effets détournés ou soustraits, si

[1] « Tout crime commis par un fonctionnaire public dans l'exercice de ses fonctions est une forfaiture. » Art. 166, C. pénal.

cette valeur égale ou excède, soit le tiers de la recette ou du dépôt, s'il s'agit de deniers ou effets une fois reçus ou déposés, soit le cautionnement, s'il s'agit d'une recette ou d'un dépôt attaché à une place sujette à cautionnement, soit enfin le tiers du produit commun de la recette pendant un mois, s'il s'agit d'une recette composée de rentrées successives et non sujette à cautionnement.

Art. 171 : — « Si les valeurs détournées ou soustraites sont au-dessous de 3.000 francs et en outre inférieures aux mesures exprimées en l'article précédent, la peine sera un emprisonnement de deux ans au moins et de cinq ans au plus, et le condamné sera de plus déclaré incapable d'exercer à jamais aucune fonction publique. »

Art. 172 : — « Dans les cas exprimés aux trois articles précédents, il sera toujours prononcé contre le condamné une amende dont le maximum sera le quart des restitutions et indemnités et le minimum le douzième. »

Remarque. — Ces peines sont tout à fait distinctes de la réparation civile, du débet. Par conséquent, elles peuvent être prononcées lors même que le Trésor aurait été désintéressé et n'aurait subi aucun préjudice.

En fait, on se contente le plus souvent de poursuivre le recouvrement du débet.

Au lieu de faire ressortir une dette à la charge

du comptable, l'examen d'une gestion peut démontrer que l'État lui est redevable d'une certaine somme; dans ce cas on lui en reverse le montant; ou bien que l'État et le comptable ne se doivent rien l'un à l'autre; c'est le résultat que doit donner une gestion régulière; on donne alors quitus au comptable.

Art. 13, loi du 16 septembre 1707 : « La Cour réglera et apurera les comptes qui lui seront présentés; elle établira par ses arrêts définitifs si les comptables sont quittes, ou en avance, ou en débet.

« Dans les deux premiers cas, elle prononcera leur décharge définitive et ordonnera main levée et radiation des oppositions et inscriptions hypothécaires mises sur leurs biens à raison de la gestion dont le compte est jugé.

« Dans le troisième cas elle les condamnera à solder leur débet au Trésor. »

§ 5. — Des garanties fournies par les comptables

Suivant les principes généraux de droit commun, la fortune des comptables répond de l'exécution de leurs engagements.

Mais l'État, pour mieux assurer ses droits, a stipulé en sa faveur un certain nombre de garanties.

Cautionnement. — Les comptables doivent déposer un cautionnement, c'est-à-dire un gage (en numéraire en rentes ou en immeubles) affecté par premier privilège à la garantie du paiement des condamnations pécuniaires qui peuvent être prononcées contre eux à raison de leur gestion.

« Aucun titulaire d'un emploi de comptable de deniers publics ne peut être installé, ni entrer en exercice, qu'après avoir justifié, dans les formes et devant les autorités déterminées par les lois et règlements, de l'acte de sa nomination, de sa prestation de serment, et de la réalisation de son cautionnement[1]. » Art. 20 du décret du 31 mai 1862.

Un cautionnement doit être, en principe, constitué en numéraire. Par exception, l'article 5 de la loi du 21 ventôse an VII dispose que « les Conservateurs des Hypothèques fourniront un cautionnement en immeubles ». Ces principes ont d'ailleurs été modifiés par des lois subséquentes.

Les cautionnements en numéraire peuvent, aux termes de l'art. 56 de la loi de finances du 13 avril 1898, être convertis en cautionnements en rentes :

[1] Il ne faut pas se laisser aller à une confusion auxquels les termes du décret pourraient prêter trop aisément. « Un cautionnement, dit M. Baudry-Lacantinerie, est un contrat par lequel une tierce personne garantit l'exécution d'une obligation, en s'engageant à la payer si le débiteur ne le fait pas, et sauf son secours contre celui-ci. » — Ce n'est point d'un contrat de ce genre qu'il s'agit ici ; le cautionnement dont parle le décret est exactement *le nantissement* que définit l'art. 2071 du Code civil : « Un nantissement est un contrat par lequel un débiteur remet une chose à son créancier pour sûreté de sa dette. » — L'art. 2072 ajoute : Un nantissement d'une chose mobilière s'appelle *gage*. — Celui d'une chose immobilière s'appelle *antichrèse*.

« Les comptables de deniers publics et les autres fonctionnaires assujettis à un cautionnement versé dans les caisses du Trésor (c'est-à-dire *en numéraire*) sont admis à le constituer pour la totalité soit en numéraire, soit en rentes sur l'État.

« La nature du cautionnement une fois réalisé ne peut être modifiée pendant la durée des fonctions du titulaire.

« Les titulaires de cautionnements en fonctions à l'époque de la promulgation de la présente loi seront admis à opter pour la transformation de leur cautionnement en numéraire, en cautionnement en rentes.

« Un règlement d'administration publique déterminera les conditions d'application du présent article. » (Ce règlement a été rendu à la date du 2 juillet 1898.)

Quant aux cautionnements des Conservateurs des Hypothèques, qui, en principe, doivent être constitués en immeubles, l'article 26 de la loi du 8 juin 1864 dispose que : à partir de la promulgation de la présente loi, les cautionnements que les Conservateurs des Hypothèques sont tenus de fournir en immeubles, conformément aux articles 5 à 8 de la loi du 21 ventôse an VII, pourront être constitués en totalité ou en partie, soit en immeubles, soit en rentes nominatives 3 p. 100. — Plus tard la loi de finances du 28 décembre 1895, art. 51, autorisa la conversion en immeubles de cautionnements constitués en rentes par les fonctionnaires:

« La faculté accordée aux Conservateurs des Hypothèques, ou à leurs ayants droit, par les art. 29 de la loi du 16 septembre 1871 et 1er de la loi du 22 mars 1873, de convertir en tout ou en partie, en rentes sur l'État de toute nature, les cautionnements qu'ils avaient primitivement fournis en immeubles, conformément à l'art. 5 de la loi du 21 ventôse an VII est étendue inversement à la substitution totale ou partielle d'immeubles aux cautionnements fournis en rentes. »

En résumé, sous l'empire de la législation financière actuelle, les cautionnements fournis par les comptables, peuvent être constitués en rentes ou en numéraire.

Par exception, les cautionnements des Conservateurs des Hypothèques doivent être constitués, soit en immeubles, soit en rentes.

Les cautionnements peuvent d'ailleurs appartenir indifféremment au titulaire de l'emploi de comptable, ou à un tiers [1] : en effet, peu importe à l'État que le gage soit la propriété de l'un ou de l'autre du moment que son montant est affecté, du consentement du propriétaire, et la garantie de

[1] Voir d'ailleurs les art. 2077 et 2090 du Code civil qui prévoient et autorisent ce cas.

l'exécution des engagements de l'agent. Mais si le cautionnement est constitué par une tierce personne, celle-ci a un privilège de second ordre, venant immédiatement après celui de l'État, pour s'en faire remettre le montant.

Le cas le plus fréquent est, évidemment, celui où une femme affecte les biens qu'elle apporte en mariage, à la réalisation du cautionnement de son mari. Alors, le divorce même ne lui permettrait pas de reprendre ses biens, elle devrait attendre qu'un arrêt de quitus ait définitivement déchargé le comptable des faits de sa gestion, car son droit serait primé par le privilège de l'État.

Les cautionnements constitués en rentes permettent de toucher les arrérages ; ceux constitués en immeubles permettent d'en recueillir les fruits (naturels ou civils). Par mesure d'équité, il est attribué aux cautionnements en numéraire un intérêt dont le taux est fixé primitivement à 3 p. 100 l'an, a été abaissé à 2 1/2 p. 100 par la loi du 13 avril 1898.

Les cautionnements sont restitués au comptable après l'expiration de ses fonctions, lorsqu'il a obtenu l'approbation de sa gestion par l'autorité compétente, c'est-à-dire son certificat de quitus.

En ce qui concerne les comptables directs, le certificat de quitus doit être délivré par la Cour des Comptes, mais, comme l'apurement de leur gestion est fort long, ils peuvent obtenir le remboursement des deux tiers de leur cautionnement après une vérification sommaire (dont le résultat favorable est établi par un certificat que leur délivre le Directeur général de la Comptabilité publique; certains agents, par exemple, les Receveurs des Régies, le Caissier de la Caisse des Dépôts et Consignations doivent en outre produire le consentement de leur administration).

Quant aux comptables subordonnés, ils doivent obtenir un quitus de leurs supérieurs hiérarchiques. Ainsi, le Receveur des Finances doit présenter un certificat de son Trésorier général, visé par le Directeur général de la Comptabilité publique; le Percepteur doit présenter le quitus du Receveur des finances de son arrondissement.

Hypothèque légale. — L'État a une hypothèque légale, sur ceux des biens des comptables qui ne sont pas grevés du privilège dont il sera parlé plus loin. On sait que l'hypothèque est une sûreté réelle qui, constituée au profit d'un créancier, lui permet de faire saisir et vendre l'immeuble qui en est grevé, en quelques mains qu'il se trouve et de se faire payer sur le prix, par préférence aux créanciers chirographaires ou même

[1] Toutefois, lorsqu'un comptable cesse ses fonctions, les intérêts de son cautionnement en numéraire ne lui sont payés que lors du remboursement dudit cautionnement.

aux créanciers hypothécaires inscrits après lui.

Or, l'art. 29 du décret du 31 mai 1862 dispose :

« La loi confère une hypothèque légale à l'État, aux communes et aux établissements publics sur les biens des comptables pour la conservation des droits et créances à exercer contre eux. »

En effet d'après l'art. 2121 du Code civil.

« Les droits et créances auxquels l'hypothèque légale est attribuée sont :... ceux de l'État... sur les biens des receveurs et administrateurs comptables.

L'hypothèque légale doit être inscrite.

Privilège. — L'État a un privilège sur les biens meubles des comptables (et des femmes de ceux-ci), et sur ceux des immeubles qui ne sont pas grevés de l'hypothèque dont il vient d'être parlé.

« Le privilège, dit l'art. 2096 du C. civil est un droit que la qualité de la créance donne à un créancier d'être préféré aux autres créanciers, même hypothécaires. »

Voici l'étendue exacte de ce privilège : il porte sur tous les biens meubles des comptables et sur tous les immeubles acquis à titre onéreux depuis la nomination[1], par eux ou par leurs femmes (à moins que celles-ci ne soient en mesure de fournir la preuve que l'acquisition a été faite avec leurs deniers personnels).

[1] On présume qu'ils ont été acquis avec les deniers publics.

Ce privilège prend rang après ceux des articles 2101 et 2102 du Code civil et est soumis à la formalité de l'inscription[1].

[1] Les textes sur la matière sont les suivants :

Art. 2098 du Code civil : « Le privilège, à raison des droits du Trésor royal, et l'ordre dans lequel il s'exerce sont réglés par des lois qui les concernent. — Le trésor royal ne peut cependant obtenir de privilège au préjudice des droits antérieurement acquis à des tiers. »

C'est la loi du 5 septembre 1807 qui est le texte en vigueur actuellement :

Art. 2. Le privilège du Trésor public a lieu sur tous les biens meubles des comptables, même à l'égard des femmes séparées de biens pour les meubles trouvés dans les maisons d'habitation du mari, à moins qu'elles ne justifient légalement que lesdits meubles leur sont échus de leur chef, ou que les deniers employés à leur acquisition leur appartenaient. — Ce privilège ne s'exerce cependant qu'après les privilèges généraux et particuliers énoncés aux articles 2101 et 2102 du Code civil.

Art. 4. Le privilège du Trésor public a lieu. — 1° Sur les immeubles acquis à titre onéreux par les comptables postérieurement à leur nomination. — 2° Sur ceux acquis au même titre et depuis cette nomination, par leurs femmes même séparées de biens. — Sont exceptées néanmoins les acquisitions à titre onéreux faites par les femmes, lorsqu'il sera légalement justifié que les deniers employés à l'acquisition leur appartenaient.

Art. 5. Le privilège du Trésor public mentionné en l'art. 4 ci-dessus a lieu conformément aux articles 2106 et 2113 du Code civil à la charge d'une inscription qui doit être faite dans les deux mois de l'enregistrement de l'acte translatif de propriété. — En aucun cas il ne peut préjudicier : — 1° aux créanciers privilégiés désignés dans l'art. 2103 du Code civil, lorsqu'ils ont rempli les conditions prescrites pour obtenir privilège ; — 2° aux créanciers désignés aux articles 2101, 2104 et 2105 du Code civil, dans le cas prévu par le dernier de ces articles. — 3° Aux créanciers du précédent propriétaire qui auraient, sur le bien acquis, des hypothèques légales, existantes indépendamment de l'inscription ou toute autre hypothèque valablement inscrite.

Art. 6. A l'égard des immeubles des comptables qui leur appartenaient avant leur nomination, le Trésor public a une hypothèque légale, à la charge de l'inscription conformément aux art. 2121 à 2134 du Code civil. Le Trésor public a une hypothèque semblable

Responsabilité hiérarchique. — Les comptables supérieurs sont constitués, de droit, les cautions des comptables qui leur sont subordonnés, c'est-à-dire que le recouvrement des sommes dont ces derniers seront éventuellement redevables vis-à-vis du Trésor public, pourra être poursuivi sur leurs supérieurs hiérachiques.

Art. 324 du décret du 31 mai 1862 : « Chaque comptable principal est responsable des recettes et des dépenses de ses subordonnés qu'il a rattachées à sa gestion personnelle. »

Le législateur a pensé, sans doute, que cette

et à la même charge sur les biens acquis par le comptable autrement qu'à titre onéreux, postérieurement à sa nomination.

Art. 7. A compter de la publication de la présente loi, tous Receveurs généraux de département, tous Receveurs particuliers d'arrondissement, tous Payeurs généraux et divisionnaires, ainsi que les Payeurs de département, des ports et des armées seront tenus d'énoncer leurs titres et qualités dans les actes de vente, d'acquisition, de partage, d'échange et autres translatifs de propriété qu'ils passeront ; et ce, à peine de destitution ; et en cas d'insolvabilité vis-à-vis du Trésor public, d'être poursuivis comme banqueroutiers frauduleux. — Les Receveurs de l'Enregistrement et les Conservateurs des Hypothèques seront tenus, aussi à peine de destitution, et en outre de tous dommages et intérêts, de requérir ou de faire, au vu desdits actes, l'inscription au nom du Trésor public pour la conservation de ses droits et d'envoyer, tant au procureur impérial du tribunal de première instance de l'arrondissement, des biens, qu'à l'agent judiciaire du Trésor public à Paris le bordereau prescrit par les articles 2148 et suivants du Code civil. Demeurent néanmoins exceptés, les cas où, lorsqu'il s'agira d'une aliénation à faire, le comptable aura obtenu un certificat du Trésor public portant que cette aliénation n'est pas sujette à l'inscription de la part du Trésor. Le certificat sera énoncé et daté dans l'acte d'aliénation.

charge se justifiait par la surveillance incessante exercée par les premiers sur les seconds.

Malgré la généralité des termes de cette disposition, le texte ne s'applique pas indistinctement à tous les comptables principaux :

Le Receveur particulier des finances répond de la gestion des Percepteurs de son arrondissement; le Trésorier général répond de la gestion des Receveurs particuliers de son département et de celle des Percepteurs de son arrondissement. Mais les receveurs des régies financières ne répondent pas des actes des Receveurs subordonnés. Cette garantie est remplacée, en ce qui les concerne, par les Vérificateurs spéciaux attachés à ces administrations. Art. 336, 337, 338, du décret.

Il est naturel que « les comptables qui, en exécution des articles 322, 337, 338, ont payé les déficits au débet de leurs subordonnés, soient également subrogés à tous les droits du Trésor sur le cautionnement, la personne et les biens de comptable débiteur ». Art. 327, § 2.

Autres garanties. — On peut citer encore, à titre d'exemple, un certain nombre de mesures d'un caractère préventif, en général.

D'abord l'obligation de n'avoir qu'une seule caisse. « Chaque comptable ne doit avoir qu'une seule caisse dans laquelle sont remis tous les fonds appartenant à ses divers services. » Art. 21 du décret.

Sans cette disposition le contrôle serait impossible, car il débute par l'examen de la caisse : s'il y en avait plusieurs, le comptable pourrait transporter des fonds de l'une à l'autre, en sorte que la constatation du total ne pourrait être faite avec certitude.

Ensuite, l'obligation de ne conserver en caisse que le minimum de fonds ; les comptables subordonnés versent le surplus dans les caisses de leurs supérieurs hiérarchiques ; les Receveurs de régies versent dans les caisses du Trésorier général du département[1], celui-ci verse à la Banque (Voir *Dette flottante, Trésor public*).

De cette façon le montant des vols ne peut jamais atteindre que des sommes relativement faibles.

Enfin, les Receveurs particuliers des finances et les Percepteurs doivent faire passer leurs ordres de Bourse par l'intermédiaire du Trésorier général : ce comptable connaît ainsi leurs engagements et leurs pertes possibles.

Les comptables les plus importants doivent tenir leurs écritures en partie double : cette disposition facilite le contrôle dans une large mesure.

Depuis quelques années, lorsqu'il se produit un déficit dans la caisse du Trésorier général, on fait appel à des collègues des autres départements

[1] Le Trésorier général ne peut garder dans ses caisses qu'une somme égale au montant de son avance personnelle.

pour combler la différence, dans une mesure proportionnelle à leurs émoluments. Il ne s'agit là que d'une *coutume* que nulle disposition réglementaire ne sanctionne. D'ailleurs, son application est limitée aux détournements de dépôts ; ceci s'explique par ce que les dépôts sont faits au Trésorier général personnellement. — *intuitu personæ,* dirait-on en droit, — et non à l'État. Les Trésoriers généraux ont donc intérêt à ne pas laisser entamer leur crédit, et à garantir la restitution des dépôts par la solidarité dont il vient d'être parlé.

CINQUIÈME PARTIE

ORGANISATION FINANCIÈRE

CHAPITRE PREMIER

ORDONNATEURS

Il reste maintenant à parler des divers agents qui participent à la gestion des deniers publics.

Les ordonnateurs, ainsi qu'il a été dit précédemment, sont chargés d'engager, liquider et ordonnancer les dépenses [1].

Le droit d'ordonnancer est réservé aux Ministres [2]. Ceux-ci sont des agents nommés par le Président de la République (Constitution de 1875, loi du 25-28 février 1875, art. 3 :... le Président de la République nomme à tous les emplois civils et militaires).

Les divers départements ministériels ont été

[1] En étudiant les Régies financières, il sera parlé des agents qui concourent à la liquidation et à l'assiette des droits et revenus à recouvrer.

[2] Des décrets peuvent, à titre exceptionnel, conférer à certains agents supérieurs le droit d'ordonnancer au lieu et place du Ministre, et sous sa responsabilité.

créés par Décret, sauf le Ministère des Colonies, qui a été établi par une loi.

Les Ministres peuvent déléguer leur droit d'ordonnancer à des agents appelés *ordonnateurs secondaires*, dont la liste est fixée par les lois et règlements : les fonctions publiques ne peuvent, en effet, être déléguées (sauf exceptions) par ceux auxquels elles sont confiées. Le montant de la somme dont peuvent disposer les ordonnateurs secondaires est fixée par l'*ordonnance de délégation*.

Les ordonnateurs secondaires sont, chacun dans l'étendue de la circonscription qu'il administre :

1° Les Préfets.

2° Les Intendants militaires.

3° Les Directeurs de l'Artillerie.

4° Les Commandants des écoles régimentaires et d'application.

5° Les Commissaires généraux de la Marine.

6° Les Directeurs de forges et fonderies.

7° Les Directeurs des laboratoires de l'Artillerie.

8° Les Directeurs du service de Santé militaire.

9° Le Président de la commission des Monnaies.

10° Les Directeurs des administrations financières.

11° Le Directeur de l'école forestière.

12° Les Conservateurs des Forêts.

13° Les Ingénieurs en chef des Ponts et Chaussées.

14° Les Sous-Intendants militaires.

15° Les Gouverneurs civils de l'Algérie et des Colonies.

16° Les Administrateurs et Présidents.

17° Les Commissaires coloniaux.

CHAPITRE II

COMPTABLES ET AGENTS DES RÉGIES FINANCIÈRES

Les comptables ont été définis : des agents chargés, essentiellement, d'acquitter les dépenses et de recouvrer les recettes publiques.

A côté d'eux, d'autres fonctionnaires, dépendant également de l'administration des Finances, participent au service des recettes, soit en établissant l'assiette, soit en facilitant le recouvrement par leur surveillance.

D'une façon générale, « Aucun titulaire d'un emploi de comptable de deniers publics ne peut être installé, ni entrer en exercice qu'après avoir justifié, dans les formes et devant les autorités déterminées par les lois et règlements, de l'acte de sa nomination, de sa prestation de serment, et de la réalisation de son cautionnement ». Art. 20 du décret de 1862.

L'action de manier des valeurs publiques sans avoir accompli toutes ces formalités, constitue la « Gestion de fait ». — Lorsque le maniement est tenu secret, le plus souvent dans une intention frauduleuse, on dit qu'il y a « Gestion occulte [1] ».

« Toute personne autre que le comptable, qui, sans autorisation légale, se serait ingérée dans le maniement des deniers publics, est par ce seul fait, constituée comptable, sans préjudice des poursuites prévues par l'article 258 du Code Pénal [1] comme s'étant immiscée sans titre dans des fonctions publiques.

« Les gestions occultes sont soumises aux mêmes juridictions et entraînent la même responsabilité que les gestions patentes et régulièrement décrites.

« Peut, néanmoins, le juge, à défaut de justifications suffisantes et lorsqu'aucune infidélité ne sera révélée à la charge du comptable, suppléer, par des considérations d'équité à l'insuffisance des justifications produites. » Art. 25 du décret de 1862.

On distingue les comptables deniers, chargés du maniement des valeurs publiques, et les comptables d'ordre qui constatent dans leurs écritures des opérations qu'ils n'ont pas effectuées eux-mêmes

[1] Certains auteurs appellent gestions occultes, toutes celles qui sont faites sans titre légal. Voir Béquet, *Dictionnaire Administratif*. L'auteur de l'article proteste contre une assimilation qui tendrait à frapper les gestions de fait « indistinctement d'une sorte de suspicion et de réprobation préalable, que la réalité des faits est cependant loin de justifier dans beaucoup de circonstances ».

[2] « Quiconque, sans titre, se sera immiscé dans des fonctions publiques, civiles ou militaires, ou aura fait les actes d'une de ces fonctions sera puni d'un emprisonnement de deux à cinq ans sans préjudice de la peine de faux, si l'acte porte le caractère de ce crime. » Art. 258. C. Pénal.

en deniers ; par exemple dans un but de régularisation.

Ainsi, l'agent comptable des virements de comptes.

Enfin, les comptables matières sont les agents responsables des matières déposées « dans chaque magasin, chantier, usine, arsenal et autre établissement appartenant à l'Etat et géré pour son compte ». Voir art. 854 modifié du Décret du 31 mai 1862.

§ 1. — Comptables directs du trésor

Les comptables de l'Administration directe sont chargés d'acquitter les dépenses publiques, et de recouvrer la plupart des revenus, notamment les Contributions Directes ; ils effectuent les opérations de Trésorerie.

A la tête de chaque département se trouve un Trésorier-payeur-général, lequel a, sous ses ordres, des Receveurs particuliers des finances (en principe, un par arrondissement), et des percepteurs des Contributions directes, qui relèvent du Receveur particulier de leur arrondissement au premier degré, du Trésorier général au second degré.

Le *Percepteur des contributions directes* est chargé du recouvrement des contributions directes et taxes assimilées, dans une circonscription de plusieurs communes, appelée *réunion*. Il prend en charge [1] les rôles et il est responsable du recouvrement, c'est-à-dire qu'il doit, lors de l'apurement des rôles, en acquitter le montant, soit qu'il l'ait effectivement touché, soit qu'il en fasse l'avance de ses deniers personnels et sous déduction des *cotes irrécouvrables* [2].

Le Percepteur acquitte les dépenses publiques pour le compte du Trésorier général (sur présentation des pièces revêtues du « Vu bon à payer » par ce fonctionnaire).

Il peut être, accessoirement, receveur des communes, des établissements de bienfaisance, des associations syndicales.

Enfin, il est admis, dans certaines conditions, à recevoir les baux de location verbale.

Les Percepteurs sont, en principe, recrutés par la voie du concours. Des exceptions existent, cependant, en faveur d'agents civils ou militaires qui réunissent un certain nombre d'années de service (et même en faveur de certains magistrats élus : maires). Ils sont nommés par le Ministre des Finances. Toutefois, un tiers des percepteurs de la dernière classe sont nommés par le Préfet.

Les Percepteurs sont divisés en quatre classes,

[1] Voir plus loin : Contributions directes.

[2] L'état des cotes irrecouvrables est fixé par le Préfet du département.

suivant le chiffre de leurs émoluments ; il existe, en outre, des perceptions *hors classe*.

Leur cautionnement est fixé à trois fois le montant de leurs émoluments.

Le *Receveur particulier des Finances* dirige le service des recouvrements dans son arrondissement ; il autorise les mesures de poursuite tant administratives que judiciaires : les contraintes qu'il délivre, à cet effet, doivent être visées par le sous-préfet.

Il acquitte les dépenses publiques, reçoit les dépôts de fonds, exécute les ordres de Bourse des particuliers, le tout pour le compte du Trésorier Général. Il recouvre directement les produits divers du Budget.

Enfin, il centralise dans ses caisses les fonds des divers comptables de l'arrondissement.

Les Receveurs particuliers des finances se recrutent, pour moitié parmi les percepteurs ayant au moins cinq ans de services, et pour moitié parmi des agents ayant au moins cinq ans de services militaires ou civils.

Ils sont divisés en trois classes, d'après le montant de leurs émoluments : au-dessus de 16.000 francs ; de 12.500 francs à 16.000 francs ; au-dessous de 12.500 francs.

Ils doivent verser un cautionnement égal à cinq fois le montant de leurs émoluments de toute nature.

Ils sont nommés par Décret.

Le Trésorier-Payeur général dirige dans le département tout entier le service du recouvrement des contributions directes. Il recouvre directement certains revenus, les Produits divers du Budget, par exemple.

Il acquitte les dépenses publiques directement, ou autorise les Receveurs particuliers ou Percepteurs à effectuer le paiement (formalité du « Vu bon à payer ») sous sa responsabilité[1]. Il est juge et responsable de la légitimité du paiement[2].

Il centralise les fonds de tous les comptables du département, c'est-à-dire que tous les agents chargés d'opérer des recouvrements lui versent leur encaisse dès que le montant atteint un chiffre déterminé. Il donne à ces fonds la destination convenable.

Il reçoit les dépôts de fonds, et exécute les ordres de Bourse des particuliers[3] (par le ministère d'un agent de change, bien entendu).

Le Trésorier général est, en outre, comptable départemental (art. 11, décret du 22 juillet 1893); il est l'agent de la Caisse des Dépôts et Consigna-

[1] Il peut, de même, faire payer par un de ses collègues, et pour son compte.

[2] Le payeur ne doit compte que de l'opération matérielle de versement d'espèces.

[3] Les valeurs pour lesquelles il peut recevoir des ordres sont, d'ailleurs, très limitées.

tions, de la Ville de Paris, du Crédit Foncier, de la Légion d'Honneur, etc.

A Paris, les fonctions de Trésorier général sont réparties entre le Caissier Payeur central et le Receveur central de la Seine. C'est un vestige de l'ancienne organisation : les fonctions de payeurs et celles de receveurs étaient, autrefois, nettement séparées, et confiées à des agents distincts. Le décret du 21 novembre 1865 a réuni ces attributions entre les mains d'un seul et même agent.

Les Trésoriers-Payeurs généraux sont nommés par décret du Président de la République. Deux tiers des emplois sont réservés aux agents ayant appartenu à l'Administration des Finances. La nomination du dernier tiers est laissée au choix du Ministre (Décret du 22 juillet 1882).

D'après le décret du 31 mai 1899 ils sont répartis en quatre classes suivant le chiffre du traitement fixe : 18.000 francs, 16.000 francs, 14.000 francs, 12.000 francs.

Quant aux cautionnements, ils sont fixés « d'après le montant de leurs émoluments soumis aux retenues pour le service des pensions civiles[1], à raison de 8 fois le chiffre des émoluments n'excédant pas 25.000 francs, et de 12 fois la portion de ces émoluments qui excéderaient 25.000 francs ». Art. 55,

[1] Traitement fixe; Taxations de la Caisse des Dépôts et Consignations; Remises sur coupes de bois extraordinaires.

loi du 28 avril 1893. — Décret du 20 juin 1893.

REMARQUES. — I. Les percepteurs tiennent leurs écritures en partie simple; en tant que receveurs municipaux, ils les tiennent en partie double.

Les Trésoriers-Payeurs généraux et les Receveurs particuliers des Finances tiennent leurs écritures en partie double.

II. — Il a été dit plus haut que les percepteurs devaient solder au Trésor le montant des rôles qu'ils avaient pris en charge. Ils ont, pour cela, un délai de trois ans à partir du 1er janvier de l'année de l'émission des rôles. Mais les Receveurs particuliers (et dans son arrondissement le Trésorier Général), doivent faire l'avance des cotes non recouvrées, dès le 30 novembre de la deuxième année[1] (à partir du 1er janvier de l'émission des rôles).

En d'autres termes, le montant des cotes doit être intégralement soldé[2] au Trésor le 30 novembre de la deuxième année (à partir de l'ouverture de l'exercice) par les Receveurs. La fraction qui n'a pas été effectivement recouvrée constitue donc une avance de la part de ces comptables; mais, au 31 décembre de l'année suivante, ils exercent leur

[1] Cette date s'explique par le fait que l'exercice se terminait autrefois le 30 novembre.

[2] Bien entendu, sans déduction des cotes irrecouvrables ou indûment imposées.

recours contre les percepteurs, afin de récupérer cette avance[1].

§ 2. — Régies financières

Contributions directes. — Les agents des contributions directes sont, à proprement parler, des administrateurs, puisque leur rôle est d'effectuer la série des opérations qui aboutissent à la confection du titre de recouvrement.

L'agent chargé de déterminer — avec la collaboration des répartiteurs, pour certains impôts — le revenu imposable est le *Contrôleur des contributions directes*. Il utilise, à cet effet, les renseignements qui lui sont fournis sur place, et les indications données par les percepteurs, receveurs d'enregistrement, etc.

Au-dessus d'eux, les *Inspecteurs des contributions directes* vérifient les opérations des contrôleurs. Dans les cas où les contribuables ont formé une réclamation, ils sont, en outre, chargés par le Directeur de faire la procédure d'instruction.

Enfin, le Directeur des contributions directes, aidé d'un premier commis de direction (et d'agents subalternes), établit, d'après la base fournie par les travaux des contrôleurs, les *cotes*. C'est-à-dire qu'il

[1] Pour plus de détails sur la question, voir le *Traité des Impôts*, de M. Caillaux.

fixe, qu'il détermine, la part d'impôt dont chaque redevable est débiteur vis-à-vis de l'Etat.

On appelle *rôle* la liste, l'état, des cotes à recouvrer. Les rôles sont rendus exécutoires par le Préfet du Département.

Le Directeur collabore aux opérations des Conseils généraux et conseils d'arrondissement, en leur fournissant les indications grâce auxquelles ces assemblées peuvent fixer aux arrondissements et aux communes la part à acquitter dans les impôts de répartition.

En dernier lieu, le Directeur donne au Préfet son avis sur les réclamations élevées par les contribuables.

Douanes. — Le personnel de l'administration des Douanes est divisé en *Service actif* et *Service sédentaire*.

Les agents du service actif ont pour mission d'assurer l'observation de toutes les règles qui permettent aux agents du service sédentaire de constater les droits exigibles et de les percevoir.

Ainsi, par exemple, les routes qui doivent suivre les marchandises importées, pour pénétrer sur le territoire français, sont fixées par l'Administration; les agents du service actif veillent donc à ce que les marchandises ne prennent pas une autre voie.

Le service actif comporte : Des capitaines (à la

tête d'une capitainerie), des lieutenants et des sous-lieutenants ; des brigadiers, des patrons d'embarcations ; des sous-brigadiers, des sous-patrons ; de simples préposés, des matelots.

Le service sédentaire se compose : de Directeurs, Inspecteurs, Sous-Inspecteurs, premiers commis et Receveurs principaux ; de Receveurs particuliers, Contrôleurs, Commis de direction, Vérificateurs, Commis principaux et Commis.

Dans les bureaux de douane peu importants, la constatation de la nature des marchandises, la liquidation des droits et leur recouvrement sont effectués par un seul et même agent[1].

Enregistrement, domaine et timbre. — Les agents de la perception sont les *Conservateurs des hypothèques* et les *Receveurs*.

Le conservateur des hypothèques *transcrit* sur ses registres les mutations de propriétés immobilières, et *inscrit* la mention des hypothèques qui peuvent être constituées sur les immeubles. Il perçoit les taxes exigibles à raison de l'exécution de ces formalités.

« Les receveurs sont chargés de la gestion d'un bureau. Ils accomplissent les formalités, perçoivent les droits et revenus, débitent le papier timbré,

[1] Voir Pallain : *Les Douanes Françaises* et Pabon : *Traité manuel du Service des Douanes*.

font en un mot toutes les opérations de recette et de dépense ainsi que d'exécution, qui rentrent dans les attributions de l'Administration ». *Traité de l'Enregistrement*, par de Colonjon.

Leurs opérations sont contrôlées par des *Sous-Inspecteurs* et des *Inspecteurs*.

A la tête du département se trouve un *Directeur*, chargé de diriger le service. Il est aidé par des *Receveurs rédacteurs*. Auprès de lui se trouve un *Garde-magasin, Contrôleur de comptabilité* ; la principale fonction de cet agent est de recevoir les feuilles de papier timbré et d'en approvisionner les receveurs.

(Voir *Traité de l'Enregistrement*, par de Colonjon).

CONTRIBUTIONS INDIRECTES. — Le recouvrement des droits est fait par les *Receveurs buralistes*, les *Receveurs particuliers*, les *Receveurs principaux*, suivant la nature des taxes et l'importance de la circonscription.

Le recouvrement est facilité et assuré par la surveillance qu'exercent les *Chefs de poste*[1], et, au-dessus d'eux, les *Contrôleurs*.

Ces deux groupes d'agents voient leurs opérations vérifiées par les *Inspecteurs*.

[1] Remplacés dans les campagnes par le *Receveur particulier ambulant*.

Enfin le service est dirigé dans le département, par un *Directeur*, qui, si l'importance de cette circonscription le justifie, a, sous ses ordres, un ou plusieurs *Sous-Directeurs*[1].

(Pour plus de détails consulter Caillaux : *les Impôts en France* et Tissier : *Traité des Contributions indirectes*).

[1] Il existe, en outre, des agents spéciaux pour la garantie des matières d'or et d'argent, pour les sucres, pour les sels.
— Les agents des contributions indirectes se divisent en service actif et service sédentaire.

CHAPITRE III

AUTORITÉS CHARGÉES DU CONTROLE

Le contrôle, ainsi qu'il a été expliqué plus haut, est exercé sur les ordonnateurs et sur les comptables — par leurs supérieurs hiérarchiques — par des agents spéciaux : l'Inspection générale des Finances (ne concerne pas, directement au moins, les ordonnateurs) — par des assemblées : la Commission de vérification des comptes des Ministres, la Cour des Comptes.

§ 1. — INSPECTION GÉNÉRALE DES FINANCES

L'Inspection générale des Finances est un corps chargé de contrôler, sur place, les opérations des agents dépendant, plus ou moins directement, du Ministère des Finances.

Les Inspecteurs des Finances veillent à l'exécution des lois et règlements, et constatent les infractions par procès-verbaux. Par suite, leur contrôle porte sur les caisses, sur les pièces justificatives, sur les registres de comptabilité. Si les circonstances le justifient, ils peuvent prendre ou provoquer toutes les mesures nécessaires : par exemple, suspension d'emploi.

Le corps est placé sous l'autorité immédiate du Ministre des Finances ; il se compose d'Inspecteurs Généraux, d'Inspecteurs de différentes classes, et d'adjoints à l'Inspection.

§ 2. — Commission de vérification des comptes des ministres

La commission de vérification des comptes des Ministres est une assemblée de neuf membres[1] nommés par le chef de l'Etat, qui est chargée d'arrêter au 31 décembre le Journal et le Grand Livre de la Comptabilité des Finances et de constater la concordance des comptes des Ministres avec les écritures centrales des finances[2] (Art. 191 du décret du 31 mai 1862.)

En outre, cette commission vérifie, pour l'exercice dont la loi de règlement est proposée, la concordance entre les comptes des Ministres et le résultat des comptes individuels jugés par la cour des Comptes (art. 193).

Elle « vérifie et arrête au 31 décembre les registres tenus à la Direction de la dette inscrite et

[1] Un sénateur, deux députés, deux conseillers d'État, quatre conseillers à la Cour des comptes.

[2] Et avec les écritures centrales tenues au siège de chaque Ministère.

servant à établir le montant des rentes et pensions subsistantes, ainsi que celui des cautionnements à rembourser.

« La commission vérifie également les états sommaires des débets et créances, dont le recouvrement est confié à l'agent judiciaire du Trésor.

« Elle est chargée, en outre, de constater la concordance des écritures tenues par cet agent, avec le compte général de l'Administration des finances.

« Le compte général des matières de chaque Ministère est soumis à l'examen de cette commission ». Art. 195.

Ensuite, elle examine les relevés des actes par lesquels les collectivités ou les particuliers se sont engagés à contribuer aux dépenses de l'État : « Les ministres compétents dresseront chaque année, un relevé détaillé de tous les actes par lesquels un département, une commune, une collectivité ou un simple particulier, s'est engagé à contribuer dans une mesure quelconque aux dépenses de l'Etat. Ce relevé indiquera, en outre, pour tous les engagements en cours d'exécution, les conditions d'exigibilité et la situation des recouvrements.

« Ce relevé sera adressé au ministère des Finances en deux expéditions dont l'une sera remise à la Cour des Comptes et l'autre à la Commission de vérification des comptes des Ministres. » Art. 77, loi de finances du 26 janvier 1892.

Enfin, la commission examine les règlements fixant la situation des Compagnies de chemins de fer et de tramways vis-à-vis de l'Etat.

« Avant le 1er novembre de chaque année, le Ministre des Travaux publics présente au Parlement, pour les chemins de fer et les tramways liés vis-à-vis de l'Etat par des conventions financières :

1° Le compte général des dépenses d'établissement, divisé par nature de dépenses. Ce compte comprend les opérations effectuées pendant l'année précédente et le résumé des opérations des années antérieures...

2° Le compte des recettes et des dépenses d'exploitation de l'année précédente dressé par chapitre et article...

3° La situation de compte courant de la garantie...

. . . .

« Les arrêtés de règlements pris par le Ministre des Travaux Publics, dans le courant de chaque année, sont soumis à l'examen de la commission de la vérification des comptes des Ministres ; ils sont appuyés, à titre de documents justificatifs, des comptes présentés par les compagnies et des rapports des Commissions de vérification. » Art. 37 et 38 de la loi de finances du 30 mai 1899.

Bien qu'aucun texte ne lui confère cette mission,

la commission fait porter son examen sur la comptabilité des dépenses engagées.

Les opérations de la commission font l'objet d'un procès verbal, auquel sont annexés :

1° Une balance générale des comptes du Grand Livre de l'Administration des Finances.

2° Un tableau comparatif des recettes et des paiements constatés par les comptes individuels qui ont été produits à la Cour des comptes pour l'exercice, avec les résultats du compte définitif, servant de base au projet de loi portant règlement du budget du même exercice.

Remarque. — En principe, la commission devrait arrêter le Journal et le Grand Livre au 31 décembre ; en fait, cet arrêté d'écritures n'est fait que dans la séance de clôture de ses travaux. Mais « cette formalité ne présente un intérêt sérieux qu'à la condition d'être remplie dès que les dernières opérations à porter sur ces livres ont été enregistrées. Donc, il a été décidé que la mention de clôture des opérations inscrite à la fin du Journal et du Grand Livre, au lieu d'être simplement signée par le Directeur Général de la comptabilité publique et par le Ministre des Finances, serait, en outre, datée du jour où les dernières écritures auraient été passées. La commission intervenant ensuite, confirme l'exactitude de cette date... » Procès verbal pour l'exercice 1900.

§ 3. — COUR DES COMPTES

La Cour des comptes a droit de juridiction administrative sur les comptables et droit de contrôle sur les opérations des ordonnateurs. D'une part, elle *juge* les comptes des comptables ; de l'autre, elle constate, la conformité entre les écritures des ordonnateurs et celles des comptables. Dans le premier cas elle rend un *Arrêt ;* dans le second une *Déclaration Générale de conformité.* — Enfin elle adresse annuellement au Président de la République un rapport où sont consignées les principales observations qu'elle juge à propos de lui soumettre sur l'administration des ordonnateurs.

Organisation. — La Cour des comptes a été organisée par la loi du 16 septembre 1807 et le Décret du 28 septembre 1807.

« La Cour des comptes sera composée d'un premier Président, trois Présidents, dix-huit maîtres des comptes (c'est-à-dire Conseillers maîtres), de Référendaires, au nombre qui sera fixé par le Gouvernement (actuellement 86), un Procureur Général, un Greffier en chef. » Art. 2, loi 1807. Ajoutez maintenant 1 Avocat Général, et 25 Auditeurs de première ou deuxième classe.

« Il sera formé 3 Chambres, chacune composée d'un Président, six Maîtres aux comptes : le premier Président peut présider chacune des Chambres. » Art. 3.

« Les référendaires sont chargés de faire les rapports; ils n'ont point voix délibérative. Les décisions seront prises, dans chaque Chambre, à la majorité des voix; et, en cas de partage, la voix du Président est prépondérante. » Art. 4.

« Chaque Chambre ne pourra juger qu'à cinq membres au moins. » Art. 5.

La Cour des Comptes prend rang immédiatement après la Cour de Cassation et jouit des mêmes prérogatives. » Art. 7.

Attributions. — En ce qui concerne les comptables, la Cour a juridiction non point sur la personne de ceux-ci (comme les anciennes Chambres des comptes), mais seulement sur les comptes qu'ils présentent.

Ainsi donc, « Si, dans l'examen des comptes, la Cour trouve des faux ou des concussions, il en sera rendu compte au Ministre des Finances, et référé au Grand Juge ministre de la Justice, qui fera poursuivre les auteurs devant les tribunaux ordinaires. » Art. 16, loi 1807.

Quant aux comptes eux-mêmes, « La Cour réglera et apurera les comptes qui lui seront présentés; elle établira par ses arrêts définitifs, si les comptables sont quittes, ou en avance ou en débet. »

Les arrêts de la Cour sont provisoires ou définitifs : le premier rendu sur une gestion n'est, le plus souvent, que provisoire, car la Cour approuve les opérations du comptable sous certaines réserves notifiées à celui-ci par voie d'*injonctions*. Dans tous les cas, la ligne de compte peut être contestée par l'intéressé. — Mais, dans l'arrêt rendu sur la gestion suivante, la Cour examine s'il a été fait droit à ses injonctions : en cas d'affirmative elle déclare définitif l'arrêt provisoire rendu sur la première gestion ; le comptable peut être, alors, *quitte* ou *en avance*. En cas de négative, l'arrêt peut être encore déclaré définitif, mais le comptable est en débet. — D'une façon générale, les arrêts définitifs sont revêtus de la formule exécutoire. L'arrêt définitif, rendu sur la dernière gestion d'un comptable, est dit, s'il libère celui-ci, *arrêt de quitus*.

La Cour des comptes juge en dernier ressort ; ses décisions ne peuvent être attaquées que devant le Conseil d'État, siégeant comme Tribunal de Cassation, pour violation des formes ou de la loi. En pareil cas, l'affaire est renvoyée devant une des Chambres qui n'en ont point connu. Mais la question de savoir si, dans son second arrêt, la Cour est tenue de se conformer à l'interprétation du Conseil d'État, n'a pas encore été résolue.

Remarque. — La Cour joue le rôle de juridiction d'appel pour les arrêtés des Conseils de préfecture rendus sur les gestions des comptables qui leur sont soumises.

En ce qui concerne les ordonnateurs, il a déjà été parlé du rôle de la Cour des comptes.

(Pour plus de détails sur l'organisation les attributions et le fonctionnement de la Cour des Comptes, consulter les Pandectes françaises, article *Cour des comptes*).

Procédure. — La procédure est écrite et la Cour juge exclusivement sur pièces ; les audiences ordinaires sont tenues à huis clos ; les justiciables ne peuvent, ni y assister, ni s'y faire représenter.

« Les référendaires seront tenus de vérifier, par eux-mêmes, tous les comptes qui leur seront distribués. » Art. 19, loi 1807.

« Ils formeront, sur chaque compte, deux cahiers d'observations : les premières relatives à la ligne de compte seulement, c'est-à-dire aux charges et souffrances dont chaque article du compte leur aura paru susceptible, relativement au comptable qui le présente ;

« Les deuxièmes, celles qui peuvent résulter de la nature des recettes avec les lois et de la nature des dépenses avec les crédits. » Art. 20.

« La minute des arrêts est rédigée par le référendaire rapporteur, et signée de lui et du Président de la Chambre; elle est remise avec les pièces au greffier en chef; celui-ci le présente à la signature du premier Président et ensuite en fait et signe les expéditions. » Art. 21.

CHAPITRE IV

Il reste à parler maintenant de quelques grands établissements, dont il est indispensable de connaître, au moins sommairement, l'organisation et les attributions, à raison de leur importance et de leurs rapports avec l'Administration des Finances.

§ 1. — Caisse des dépots et consignations

La Caisse des Dépôts et Consignations est un établissement chargé de recevoir les dépôts et les consignations, et d'administrer les fonds de certains établissements. Elle a été créée par la loi du 28 avril 1816 et fonctionne sous le contrôle du Parlement.

Organisation. — I. La Caisse est administrée par un Directeur Général, et deux sous-directeurs nommés par le chef de l'État. Il y a un caissier justiciable de la Cour des comptes, nommé de la même façon (art. 100 et 101 loi de finances du 20 avril 1816). — Le personnel de la Caisse à Paris est nommé et révoqué par le Directeur Général.

En province « la Caisse aura des préposés pour le service qui lui est confié dans toutes les villes du royaume où siège un tribunal de première instance ». Art. 11, ordonnance 3 juillet 1816.

Ces préposés sont les Trésoriers payeurs généraux, les Receveurs particuliers des finances ou à leur défaut les percepteurs — à l'étranger, les consuls.

— « Le Directeur Général ordonne toutes les opérations et règle les diverses parties du service ; il prescrit les mesures nécessaires pour la tenue régulière des livres et des caisses ; il ordonnance les paiements, il vise et arrête les divers états de toute nature. » Art. 827 du décret, 31 mai 1862.

« Le Directeur Général est responsable de la gestion des deniers de la Caisse. » Art. 829.

« En cas d'absence ou de maladie il est remplacé par le sous-directeur. » Art 830.

— Le Caissier est chargé de la recette, de la garde et de la conservation des deniers et valeurs actives déposés entre ses mains à quelque titre que ce soit. (Voir les art. 831 à 836 du même décret).

II. La surveillance des opérations de la Caisse est confiée à une commission composée comme suit :

Deux sénateurs, élus par le Sénat.

Deux membres de la Chambre des députés, élus par elle.

Deux membres du Conseil d'État, nommés par le gouvernement.

Un Président de la Cour des comptes, désigné par cette Cour.

Le Gouverneur ou l'un des Sous-Gouverneurs de la Banque, désigné par le Conseil de la Banque.

Le Président ou l'un des membres de la Chambre de commerce de Paris, désigné par cette Chambre.

Le Directeur du Mouvement Général des fonds au Ministère des Finances.

La commission de surveillance élit son président, elle le choisit parmi ses membres.

En cas de partage des voix, la voix du Président est prépondérante.

Les nominations sont faites pour trois ans; les membres sortants sont rééligibles.

(Article 220 du décret du 31 mai 1862, modifié par la loi du 6 avril 1876.)

« Tous les trois mois, les commissaires surveillants entendront le compte qui leur sera rendu sur la situation de l'établissement.

« Ils vérifieront, toutes les fois qu'ils le trouveront utile, et au moins une fois par mois, l'état des caisses, la bonne tenue des écritures, et tous les détails administratifs. » Art. 112 de la loi de finances du 28 avril 1816.

« La commission fera passer au Directeur Général les observations qu'elle jugera convenables, et qui cependant ne seront point obligatoires pour lui. » Art. 113.

« Elle fait annuellement aux Chambres un rapport sur sa direction morale et la situation matérielle de la Caisse. » Art. 114.

Opérations. — 1° La caisse reçoit des consignations, c'est-à-dire des dépôts de deniers et de valeurs effectués par un débiteur entre les mains d'un officier public compétent.

Le cas le plus connu est celui où un créancier refuse de recevoir le montant de la dette des mains du débiteur : celui-ci se libère valablement en faisant des offres réelles suivies de consignations.

On peut citer également, parmi les consignations, les dépôts de cautionnements effectués par les soumissionnaires ou adjudicataires de marchés administratifs, etc.

2° La Caisse reçoit également des dépôts de différentes natures : — dépôts des particuliers (à Paris seulement).

— Dépôts d'établissements publics, ou d'utilité publique, tels que lycées, chambres de commerce.

— Dépôts des notaires — qui ne peuvent détenir pendant plus de six mois les fonds appartenant à autrui (sauf autorisation des consignataires, pour une nouvelle période de six mois).

— Dépôts des fonds des caisses d'épargne etc.

3° La Caisse est chargée d'administrer la fortune de certaines caisses; citons parmi les plus importantes :

La Caisse nationale des retraites pour la vieillesse.

La Caisse des offrandes nationales des armées de terre et de mer.

Comptabilité. — La Caisse des Dépôts et Consignations fait emploi de ses fonds propres en rentes sur l'Etat, valeurs du Trésor, obligations de chemins de fer, etc. Le surplus est versé au Trésor et figure parmi les articles de la Dette flottante.

Des règles particulières s'appliquent aux fonds des caisses dont elle a la gestion.

Les bénéfices sont d'abord appliqués aux dépenses administratives, et l'excédent figure parmi les ressources budgétaires au titre « Produits divers du Budget ».

. . . .

§ 2. — Banque de France

La Banque de France est une société anonyme au capital de 182.500.000 francs, divisée en 182.500 actions de 1.000 francs chacune. Ces actions sont toujours nominatives et sont susceptibles d'hypothèque.

Organisation. — 1° La Banque a à sa tête un

Gouverneur et deux Sous-Gouverneurs nommés par le Chef de l'État.

Le Gouverneur doit être titulaire de 100 actions, chacun des Sous-Gouverneurs de 50.

Le Gouverneur nomme les agents de la Banque; il préside les séances du Conseil d'Administration : aucune délibération ne peut être exécutée sans son approbation.

2° Le Conseil Général comprend les *régents* au nombre de 15 et les censeurs (3).

Il statue sur l'émisssion et l'annulation des billets de Banque.

Il détermine le taux de l'escompte.

Il délibère d'une façon générale sur toutes les affaires de la Banque.

Afin d'exercer un contrôle plus sérieux il est divisé en cinq comités.

3° L'Assemblée générale des actionnaires se compose des 200 plus forts actionnaires. Elle se réunit annuellement; elle approuve les comptes qui lui sont présentés et élit les régents et les censeurs.

Attributions. — La Banque de Fance reçoit des dépôts de fonds sans intérêts.

Elle fait des avances garanties par des sûretés déterminées (lingots d'or ou d'argent, valeurs).

Elle escompte les effets qui lui sont présentés par les individus figurant sur la *liste des crédits*. En principe, ces effets doivent porter trois signatures ;

mais la troisième peut être remplacée par une autre garantie (par exemple, remise de valeurs) etc., etc.

Mais il ne faut pas que la Banque, abusant de sa situation, profite des périodes de crise pour réaliser des bénéfices en élevant le taux de l'escompte. De là, l'article 12 de la loi du 17 novembre 1897 : « Lorsque les circonstances exigeront l'élévation du taux de l'escompte au-dessus de 5 p. 100, les produits qui en résulteront pour la Banque seront déduits des sommes annuellement partageables entre les actionnaires ; un quart sera ajouté au fonds social et le surplus reviendra à l'État. »

Les sommes provenant de cette élévation du taux de l'escompte ne profitent donc pas immédiatement à la Banque : elles ne seront attribuées que lors de la liquidation. Elles figurent dans les bilans, au passif, sous la rubrique : « Bénéfices en addition au capital ».

Enfin et surtout, la Banque de France a le privilège de l'émission des billets de Banque. Le dernier texte sur la matière est la loi du 17 décembre 1897 :

Art. 1. — « Le privilège concédé à la Banque de France par les lois des 24 Germinal an XI, 22 avril 1806, 30 juin 1840 et 9 juin 1857 dont la durée expirait le 31 décembre 1897 est prorogé de vingt-trois ans et ne prendra fin que le 31 décembre 1920. Néanmoins, une loi votée par les deux Chambres dans le cours de l'année 1911 pourra faire cesser le privilège à la date du 31 décembre 1912. »

Art. 13. — « Le chiffre des émissions des billets de la Banque de France et de ses succursales, fixé au maximum de 4.000.000.000 est élevé à 5.000.000.000. »

En retour, la Banque de France se soumet à certaines obligations :

Art. 5. — « A partir du premier janvier 1897 et jusques et y compris l'année 1920, la Banque versera à l'Etat, chaque année, et par semestre une redevance égale au produit du huitième du taux de l'escompte par le chiffre de la circulation productive sans qu'elle puisse jamais être inférieure à 2.000.000[1].

« Art. 6. — L'avance de 60.000.000 consentie par la Banque à l'Etat en vertu du traité du 10 juin 1857, moyennant un intérêt de 3 p. 100 et l'avance de 80.000.000 consentie par la Banque à l'État en vertu du traité du 29 mars 1878 approuvé par la loi du 13 juin 1878, moyennant un intérêt de 1 p. 100, cesseront de porter intérêt à partir du 1er janvier 1896. La Banque ne pourra réclamer le remboursement de tout ou partie de ces avances pendant toute la durée de son privilège.

[1] Il est sans doute inutile de faire remarquer que la redevance est tout à fait indépendante des différentes taxes que la Banque doit acquitter comme société anonyme ; ces taxes ont un caractère fiscal, la redevance a un caractère contractuel.

Art. 7. — « Est approuvée la convention du 31 octobre 1896, en vertu de laquelle, indépendamment des 140 millions spécifiés à l'article 6, la Banque s'engage à mettre à la disposition de l'État et pour toute la durée de son privilège une nouvelle avance de 40.000.000. »

(On sait que l'État verse en compte courant à la Banque la plus grande partie de son encaisse ; il n'exige pas d'intérêts, mais les avances dont il vient d'être parlé, représentant la rançon, sont le prix des bénéfices que la Banque peut en retirer.)

Art. 8. — « La Banque paiera gratuitement, concurremment avec les caisses publiques, pour le compte du Trésor, les coupons au porteur de rente française et des valeurs du Trésor français qui seront présentées à ses guichets, tant à Paris que dans ses succursales et bureaux auxiliaires.

Art. 9. — « La Banque devra, sur la demande du Ministre des Finances ouvrir gratuitement ses guichets à l'émission des rentes françaises et valeurs du Trésor français.

Art. 10. — « Les comptables du Trésor pourront opérer, dans les bureaux auxiliaires, comme dans les succursales des versements ou des prélèvements au compte courant du Trésor[1]. Dans les villes rattachées, la Banque devra faire opérer gratuite-

[1] Voir plus haut : *La Dette flottante*.

ment, à toutes les échéances, le recouvrement des traites tirées sur les comptables du Trésor par d'autres comptables du Trésor, ainsi que celui des traites des redevables de revenus publics, à l'ordre des comptables du Trésor. »

Enfin l'article 11 stipule la création d'un certain nombre de succursales ou bureaux.

Mentionnons, pour terminer, que lors de sa dissolution, la Banque devra consigner, entre les mains de l'État, le montant des billets dont le remboursement n'aura pas été demandé, afin de pouvoir répondre aux réclamations ultérieures possibles. Elle ne peut donc réaliser éventuellement aucun bénéfice de ce chef.

§ 3. — Crédit foncier

Le Crédit foncier est une Société anonyme, au capital de 200.000.000 divisé en 400.000 actions de 500 francs et créées pour une durée de quatre-vingt-dix-neuf ans à partir du 30 juillet 1852, essentiellement chargée, sous le contrôle de l'État, de consentir des prêts hypothécaires aux particuliers. De plus, les communes, les départements ou les établissements publics s'adressent à lui pour leurs emprunts; enfin, il reçoit en compte courant les fonds des particuliers, exécute les ordres de Bourse, etc.

Le Crédit foncier a été institué et organisé par la

loi du 30 juillet 1852 et le décret du 6 juillet 1854.

Organisation. — 1° La direction du Crédit foncier est confiée à un Gouverneur et deux Sous-Gouverneurs, nommés par le chef de l'Etat.

Avant d'entrer en fonctions, le Gouverneur doit justifier de la propriété de deux cents actions, les Sous-Gouverneurs, chacun de la propriété de cent actions. Ceci pour garantie de leur gestion. (Art. 1 à 6 du décret de 1854.)

Le Gouverneur nomme et révoque les agents, préside le Conseil d'administration et l'Assemblée générale des actionnaires; il vise les lettres de gage; nulle délibération ne peut être exécutée si elle n'est approuvée par lui et revêtue de sa signature.

2° Le Conseil d'administration se compose de vingt membres, dont trois, au moins, doivent être pris parmi les Trésoriers Généraux des finances. Il délibère sur toute une série de questions prévues par l'article 34 des statuts, notamment admission des demandes de prêts, création des obligations de la Société, emprunts à contracter, etc.

3° Les censeurs, au nombre de trois, sont chargés de veiller à la stricte exécution des statuts. (Art. 36 et 37 des statuts.)

4° Enfin l'assemblée générale des actionnaires composée des 200 plus forts actionnaires, dont la liste est arrêtée par le Conseil d'administration vingt jours avant la réunion. Elle délibère sur l'augmentation du fonds social, sur les modifications à faire aux statuts; elle entend le rapport du gouverneur, elle nomme les censeurs et administrateurs. (Art. 38 à 48 des statuts.)

Le Crédit foncier a pour représentants en province, les Trésoriers payeurs généraux, Receveurs des finances, et les Directeurs de ses succursales.

Attributions. — 1° Le Crédit foncier consent des prêts garantis par une hypothèque; les uns sont à long terme (de dix ans à soixante-quinze ans) et remboursables par annuités; les autres sont à court terme.

Pour se procurer les fonds nécessaires aux prêts à long terme, le Crédit foncier émet, pour une somme égale à leur montant, des obligations foncières, appelées aussi *lettres de gage*.

Quant aux prêts à court terme, leur montant est prélevé sur le fonds social ou sur les bénéfices. (Art. 8 du décret de 1854.)

2° Aux termes de la loi du 6 juillet 1860:

Le Crédit foncier est autorisé à prêter aux départements, aux communes et aux associations syndicales les sommes qu'ils auraient obtenu la faculté d'emprunter. (Art. 1.)

Les prêts sont consentis avec ou sans affectation hypothécaire et remboursables, soit à long terme par annuités, soit à court terme avec ou sans amortissement. (Art. 2.)

En représentation des prêts et jusqu'à concurrence de leur montant, le Crédit foncier est autorisé à créer et à négocier des obligations, en se conformant aux règles établies au titre 5 de ses statuts. (Art. 5.)

3° Le Crédit foncier est autorisé à faire des avances sur titres, et à recevoir des dépôts de fonds.

Privilèges du Crédit foncier. — 1° On sait que, d'après les principes du droit commun, les inscriptions d'hypothèques ne sont valables que pour dix ans : si elles ne sont pas renouvelées en temps utile, il faut procéder à une nouvelle inscription, qui ne garantit le droit du créancier que du jour de sa date.

Le Crédit foncier est dispensé de renouvellement : l'inscription est valable pour toute la durée du prêt. (Art. 47 du décret de 1852.)

2° En ce qui concerne la purge, le Crédit foncier jouit de facilités spéciales, dans le détail desquelles il serait trop long d'entrer ici. (Voir loi du 10 juin 1853.)

3° En cas de non paiement, il peut faire procéder à la vente des immeubles du débiteur dans une forme plus rapide que la procédure de saisie immobilière.

4° Les obligations du Crédit foncier sont traitées comme les rentes sur l'Etat, car :

Les fonds des incapables et des communes peuvent être employés en achat de lettres de gage.

Il en est de même des capitaux disponibles appartenant aux établissements publics et d'utilité publique, dans tous les cas où ces établissements sont autorisés à les convertir en rentes sur l'Etat. (Art. 46, décret 28 février 1852.)

5° Enfin la Banque de France consent des avances sur les obligations du Crédit foncier, etc.

PRINCIPAUX TEXTES CONCERNANT LE CRÉDIT FONCIER

Décret 28 février 1852; Décret 18 octobre 1852; Loi 10 juin 1853; Décret-Loi du 6 juillet 1860; Statuts de la Société.

ANNEXES

I. — TEXTE D'UNE LOI DE FINANCES

LOI

PORTANT FIXATION DU BUDGET GÉNÉRAL DES DÉPENSES ET DES RECETTES DE L'EXERCICE 1904

Le Sénat et la Chambre des députés ont adopté,

Le Président de la République promulgue la loi dont la teneur suit :

TITRE Ier

BUDGET GÉNÉRAL

§ 1er. — *Crédits ouverts.*

Art. 1er. — Des crédits sont ouverts aux Ministres pour les dépenses du budget général de l'exercice 1904, conformément à l'état A annexé à la présente loi.

Ces crédits s'appliquent :

1° A la dette publique, pour.	1.215.368.212
2° Aux pouvoirs publics, pour.	13.506.500
3° Aux services généraux des ministères, pour.	1.841.420.080
4° Aux frais de régie, de perception et d'exploitation des impôts et revenus publics, pour	453.678.574
5° Aux remboursements et restitutions, non-valeurs et primes, pour.	41.246.562
Total général conforme au total de l'état A annexé à la présente loi.	3.565.219.928

§ 2. — *Impôts et revenus autorisés.*

I. — Impots directs

Art. 2. — Est et demeure autorisée la perception des contributions directes et taxes y assimilées établies pour l'année 1904 en vertu de la loi du 13 juillet 1903.

II. — Autres impots et revenus

Art. 3. — Les prescriptions du paragraphe 5 de l'article 15 de la loi du 25 février 1901 sont applicables aux sociétés, compagnies ou personnes désignées au paragraphe 3 du même article, qui seraient dépositaires, détentrices ou débitrices de titres, sommes ou valeurs dépendant d'une succession qu'elles sauraient ouverte et dévolue à un ou plusieurs héritiers, légataires ou donataires ayant à l'étranger leur domicile de fait et de droit, alors même qu'il s'agirait du conjoint survivant ou d'un successible en ligne directe.

Il en est de même en ce qui concerne les sommes, rentes ou émoluments quelconques que les compagnies françaises d'assurances sur la vie et les succursales établies en France des compagnies étrangères doivent, à raison du décès de l'assuré à tout bénéficiaire ayant à l'étranger son domicile de fait et de droit.

Quiconque aura contrevenu aux dispositions du présent article sera personnellement tenu des droits et pénalités exigibles, sauf recours contre le redevable, et passible, en outre, d'une amende de 500 francs en principal.

Art. 4. — Le droit de congé est fixé à 1 fr. 20 pour les bateaux au-dessous de 30 tonneaux, pontés ou non pontés affectés à la petite pêche.

Art. 5. — Sont approuvés :

1° Le décret du 10 juillet 1903 modifiant le tarif des abonnements temporaires téléphoniques ;

2° Le décret du 22 août 1903 fixant le taux de la redevance due par tout abonné au téléphone jouissant de la faculté de communiquer éventuellement, en dehors des heures normales d'ouverture des bureaux, par l'intermédiaire des lignes téléphoniques urbaines ou interurbaines.

Art. 6. — L'article 18 de la loi du 5 mai 1855 est modifié ainsi qu'il suit :

Le port des lettres et paquets compris par le paragraphe 11 de l'article 2 du décret du 18 juin 1811, dans les frais de justice criminelle, sera perçu, après chaque jugement définitif, suivant le tarif ci-après :

NATURE DES AFFAIRES		TARIF des frais de poste à percevoir.
		fr. c.
Affaire de simple police.	portée directement à l'audience .	0 20
	jugée en appel.	1 »
	portée à l'audience après instruction.	1 20
	jugée en appel	2 60
	jugée en cassation.	6 40
Affaire correctionnelle.	portée directement à l'audience .	2 »
	jugée en appel	4 40
	portée à l'audience après instruction.	5 »
	jugée sur appel	7 20
	jugée en cassation.	9 60
Affaire criminelle.	devant la Haute-Cour	30 »
	devant la cour d'assises.	
	en cassation	16 »

Ces frais seront recouvrés par les percepteurs pour le compte de l'administration des postes et télégraphes.

Art. 7. — L'administration des domaines est autorisée à aliéner dans la forme ordinaire des ventes des biens de l'État, tous les biens et valeurs provenant des successions en déshérence immédiatement après l'envoi en possession prononcé par le tribunal civil.

Les inscriptions de rentes sur l'État, comme toutes les

autres valeurs cotées, dépendant de ces successions, seront négociées à la Bourse.

Le produit de ces aliénations sera encaissé sous le titre « Successions en déshérence ».

Sont abrogées toutes dispositions contraires au présent article sous réserve seulement des droits des tiers et spécialement des droits des héritiers et légataires éventuels qui seront admis à exercer leur action sur le prix net des objets vendus dans les mêmes conditions et délais qu'ils eussent été fondés à l'exercer sur ces objets eux-mêmes.

Art. 8. — Le Ministre des Finances est autorisé à négocier en 1904, jusqu'à concurrence de la somme de huit millions huit cent mille francs (8.800.000 fr.) en capital, les inscriptions de rentes attribuées à l'État par voie de donations ou de legs au 1er janvier 1904 ; le prix en sera encaissé par l'administration des domaines et inscrit parmi les ressources exceptionnelles du bugdet de l'exercice 1904.

Art. 9. — A compter du 1er janvier 1901, la part affectée au service des pensions civiles dans les produits d'amendes, saisies et confiscations résultant d'affaires suivies en Algérie, telle qu'elle est déterminée par l'article 24 du décret du 9 novembre 1853 et l'article 11 de la loi de finances du 17 juillet 1889 est répartie comme suit :

Deux tiers continueront à être perçus au profit du service des pensions civiles (loi du 9 juin 1853). Un tiers sera versé au budget spécial de l'Algérie constitué par la loi du 19 décembre 1900.

Art. 10 — La contribution des colonies aux dépenses militaires qu'elles occasionnent à l'État est fixée, pour l'exercice 1904, à la somme de treize millions deux cent mille francs (13.200.000), ainsi répartie par colonie :

Indo-Chine	13.000.000
Afrique occidentale	100.000
Madagascar	100.000
Total égal	13.200.000

La somme ci-dessus sera inscrite au budget des recettes, paragraphe 6 (Recettes d'ordre. — Recettes en atténuation de dépenses).

Art. 11. — La contribution des colonies aux dépenses d'entretien de l'école coloniale est fixée, pour l'exercice 1904, à la somme de cent sept mille francs (107.000 fr.), ainsi répartie par colonie :

Indo-Chine	89.000
Afrique occidentale	10.000
Madagascar	6.000
Congo	2.000
Total égal	107.000

Le montant des diverses contributions susvisées sera inscrit au budget des recettes, paragraphe 6 (Recettes d'ordre. — Recettes en atténuation de dépenses).

Art. 12. — Le Ministre des Finances est autorisé à émettre en 1904, au mieux des intérêts du Trésor, des obligations à court terme, dont le capital ne pourra être supérieur à la somme de vingt-sept millions de francs (27.000.000 fr.) applicable au payement des garanties d'intérêts aux compagnies de chemins de fer, et dont l'échéance ne pourra pas dépasser l'année 1910.

Le montant de cette émission sera inscrit parmi les ressources exceptionnelles du budget de l'exercice 1904.

Art. 13. — Le montant des recettes effectuées sur l'exercice 1903 au titre des droits d'importation sur les cafés sera, pour la portion excédant la somme de 118 millions, transporté de l'exercice 1903 à l'exercice 1904 dans les écritures du Trésor.

Art. 14. — Continuera d'être faite pour 1904 conformément aux lois existantes, la perception des divers droits, produits et revenus énoncés dans l'état B annexé à la présente loi.

§ 3. — *Evaluation des voies et moyens.*

Art. 15. — Les voies et moyens applicables aux dépenses du budget général de l'exercice 1904 sont évalués à la somme 3.565.390.586 francs répartie ainsi qu'il suit :

Produits à percevoir en France et dans les colonies autres que l'Algérie, conformément à l'état C annexé à la présente loi..	3.563.449.899
Produits à percevoir en Algérie, conformément à l'état D annexé à la présente loi.	1.940.687
Total	3.565.390.586

TITRE II

BUDGETS ANNEXES RATTACHÉS POUR ORDRE AU BUDGET GÉNÉRAL

Art. 16. — L'Imprimerie nationale est autorisée à disposer, en faveur de la caisse des pensions de retraites et de secours des employés et ouvriers de cette administration, de la partie de l'excédent des recettes sur les dépenses qui dépasserait le chiffre prévu au budget pour l'exercice 1904 jusqu'à concurrence de la somme nécessaire pour reconstituer le capital d'une rente de six mille francs (6.000 fr.), dont la perte résulte de la conversion des rentes 3 1/2 p. 100 en rentes 3 p. 100 autorisée par la loi du 9 juillet 1902.

Art. 17. — Les budgets annexes rattachés pour ordre au budget général de l'Etat sont fixés, en recettes et en dépenses pour l'exercice 1904, à la somme de 149.302.132 fr. conformément à l'état E annexé à la présente loi.

TITRE III

DISPOSITIONS SPÉCIALES

Art. 18. — La faculté que la loi du 9 juin 1853 et le décret du 9 novembre suivant confèrent aux Ministres d'admettre les fonctionnaires civils à faire valoir leurs droits à la retraite, ne peut donner lieu à aucun règlement ayant pour objet de fixer une limite d'âge au delà de laquelle les titulaires de certains emplois ne peuvent être maintenus en fonctions.

Sont abrogés les règlements de l'espèce actuellement en vigueur dans les diverses administrations publiques. Les limites d'âge établies pour les magistrats de l'ordre judiciaire et de la cour des comptes sont seules maintenues.

Art. 19. — La nomenclature de la 2e section du tableau n° 3, annexé à l'article 7 de la loi du 9 juin 1853, est complétée par l'adjonction de ces mots :

« Fonctionnaires et agents du service sédentaire des douanes aux traitements de 2.401 à 8.000 francs, sans que la pension puisse dépasser 4.000 francs. »

Les dispositions du présent article sont applicables aux pensions non encore inscrites au grand livre de la dette publique lors de la promulgation de la loi de finances.

Art. 20. — Le bureau de la mutualité institué au Ministère de l'Intérieur est érigé en direction spéciale qui portera le titre de direction de la mutualité.

Le sous-directeur de la comptabilité publique au Ministère des Finances prendra désormais le titre de directeur adjoint.

Art. 21. — Les dispositions de la loi du 29 juin 1872 ne sont applicables, ni aux parts d'intérêts ou actions, ni aux emprunts ou obligations des sociétés de toute nature dites de coopération formées exclusivement entre ouvriers ou artisans.

La même exception s'applique aux associations de toute nature, quels qu'en soient l'objet et la dénomination, formées exclusivement par ces sociétés coopératives.

Il n'y aura pas lieu au recouvrement des sommes qui peuvent être encore dues, en vertu de la loi du 29 juin 1872, par ces sociétés et associations.

Art. 22. — Les dispositions de l'article 73 de la loi de

finances du 31 mars 1903 sont complétées ainsi qu'il suit :

A partir du 1er janvier 1904, les instituteurs et les institutrices sont promus de droit à la deuxième classe, à l'ancienneté, après six ans passés dans la troisième classe.

Le nombre des promotions au choix à la quatrième, à la troisième et à la deuxième classe est égal au dixième de celui des promotions à l'ancienneté. Ne peuvent être promus au choix à la classe supérieure que les instituteurs et institutrices comptant au moins trois ans d'ancienneté dans leur classe.

Les promotions à la première classe sont accordées, exclusivement au choix, aux maîtres comptant un minimum de six ans d'ancienneté dans la deuxième classe. Le nombre des promotions annuelles sera égal au sixième du nombre des maîtres réalisant cette ancienneté.

Toutefois, par mesure transitoire et pendant une durée de cinq ans, le minimum d'ancienneté exigé par le paragraphe précédent sera réduit à trois ans. Le nombre des promotions annuelles sera égal au sixième du nombre des maîtres comptant trois ans d'ancienneté.

Peuvent seuls être admis dans les deux premières classes les maîtres et maîtresses pourvus du brevet supérieur, exception faite toutefois pour ceux entrés en fonctions avant le 19 juillet 1889.

Art. 23. — Les indemnités de mission, les frais de voyage par terre et par mer, les frais d'écrivains, de logement, d'ameublement et de gardiennage occasionnés par les missions mobiles de l'inspection des colonies sont mis respectivement à la charge des budgets locaux des colonies. Toutefois, en ce qui concerne les indemnités de mission et les frais de passage, l'imputation aux budgets locaux ne pourra atteindre éventuellement la totalité des dépenses que pour les colonies de l'Indo-Chine, de Madagascar et de l'Afrique occidentale française : elle sera de la moitié au maximum pour les autres colonies.

Art. 24. — Les procès-verbaux des agents des contributions indirectes et des octrois feront foi jusqu'à preuve contraire.

Si le prévenu demande à faire cette preuve, le tribunal renverra la cause à quinzaine au moins.

Dans le délai de trois jours francs à compter de l'audience où le renvoi aura été prononcé, le prévenu devra déposer au greffe la liste des témoins qu'il veut faire entendre avec leur noms, prénoms, profession et domicile.

Sont abrogés les articles 8 de la loi du 27 frimaire an VIII 25 et 26 du décret du 1er germinal an XIII et 3 de la loi du 21 juin 1873.

Art. 25. — Le montant de l'abonnement annuel, consenti aux communes pour frais de casernement en vertu de l'article 46 de la loi du 15 mai 1818, et de l'ordonnance royale du 5 août 1818, pourra être abandonné en tout ou en partie à celles qui consentiront à prendre à leur charges les dépenses nécessitées par l'extension ou l'amélioration du casernement.

Art. 26. — L'article 82 de la loi du 30 mars 1902 est remplacé par les dispositions suivantes :

« Les indemnités prévues par la loi de finances du 30 mai 1899, dans le cas de saisie de viande et d'abatage d'animaux pour cause de tuberculose, seront allouées :

« 1° Aux propriétaires qui se sont conformés aux lois et règlements sur la police sanitaire ;

« 2° Aux propriétaires qui ont, soit directement, soit par l'entremise d'intermédiaires, envoyé leurs animaux dans un abattoir public ou dans un abattoir privé placé sous la surveillance permanente d'un vétérinaire agréé par le préfet du département et qui ont à supporter le préjudice résultant de la saisie ;

« 3° Aux propriétaires qui ont envoyé leurs animaux dans une tuerie quelconque s'ils ont requis, avant l'abatage, la visite du vétérinaire qui a opéré la saisie en qualité de vétérinaire sanitaire agréé par le préfet du département. »

Art. 27. — Le paragraphe 2 de l'article 14 de la loi du 11 juin 1880 est modifié comme il suit :

« La charge annuelle imposée au Trésor en exécution de la présente loi ne peut dépasser six cent mille francs (600.000 fr.) par an pour l'ensemble des lignes situées dans un même département, ni trente-quatre millions quatre cent mille francs (34.400.000 francs) pour la France entière.

Art. 28. — A partir du 1er janvier 1904, la destruction des sangliers sera organisée dans les forêts domaniales, notamment par les agents forestiers.

Le corps de l'animal abattu sera la propriété de celui qui l'a tué.

Art. 29. — Le Ministre des Travaux publics publiera tous les ans un rapport sur les opérations du contrôle du travail des chemins de fer ; ce rapport sera inséré au *Journal officiel* et sera joint au rapport annuel publié par le Ministre du Commerce sur l'inspection du travail.

Art. 30. — Est abrogé le paragraphe 3 de l'article 32 de la loi de finances du 26 février 1887, relatif au maximum et au minimum des approvisionnements de la marine.

TITRE IV

MOYENS DE SERVICE ET DISPOSITIONS ANNUELLES

Art. 31. — La nomenclature des services votés pour lesquels il peut être ouvert, par décrets rendus en conseil d'État, des crédits supplémentaires pendant la prorogation des Chambres, en exécution de l'article 5 de la loi du 14 décembre 1879 est fixée, pour l'exercice 1904 conformément à l'état F annexé à la présente loi.

Art. 32. — Il est ouvert au Ministre de la Guerre un crédit de six millions trois cent soixante-dix mille francs (6.370.000 fr.), pour l'inscription au Trésor public des pensions militaires de son département et des pensions militaires des troupes coloniales à liquider dans le courant de l'année 1904.

Art. 33. — Il est ouvert au Ministre de la Marine un crédit de deux millions cinq cent mille francs (2.500.000 fr.) pour l'inscription au Trésor public des pensions militaires du service de la marine à liquider dans le courant de l'année 1904.

Art. 34. — Il est ouvert au Ministre des Colonies un crédit de deux cent mille francs (200.000 fr.) pour l'inscription au Trésor public des pensions militaires du service colonial à liquider dans le courant de l'année 1904.

Art. 35. — Le Ministre des Finances est autorisé à créer pour le service de la trésorie et les négociations avec la Banque de France, des bons du Trésor portant intérêt et payables à une échéance qui ne pourra excéder une année. Les bons du trésor en circulation ne pourront excéder cinq cent millions de francs (500.000.000 fr.)

Ne sont pas compris dans cette limite les bons qui seraient déposés à la Banque de France et à la banque de l'Algérie en garantie de leurs avances permanentes.

Art. 36. — Le Ministère des Finances est autorisé à pourvoir au remboursement des obligations à court terme échéant en 1904 au moyen d'une émission, au mieux des intérêts du Trésor, d'obligations de même nature dont l'échéance ne pourra dépasser l'année 1910.

Art. 37. — Est prorogée pendant l'année 1904, la faculté accordée au Ministère des Finances par l'article 9 de la loi du 26 février 1903, d'émettre, au mieux des intérêts du Trésor, des obligations à court terme jusqu'à concurrence du montant des insuffisances de recettes des exercices 1901 et 1902, ainsi que des dépenses matérielles et des frais de cette opération, sans que le capital de ces obligations puisse excéder la somme de deux cent cinquante millions de francs (250.000.000 fr.)

Art. 38. — La ville de Paris est autorisée à mettre en circulation, pendant l'année 1904 des bons de la caisse municipale pour une somme qui ne pourra pas excéder quarante millions de francs (40.000.000 fr.)

Art. 39. — Le crédit ouvert au Ministre de l'Intérieur en vue des subventions allouées par l'État aux communes pour secours aux familles nécessiteuses des réservistes et des territoriaux, conformément à l'article 85 de la loi du 13 avril 1898, est réparti entre les départements, conformément à l'état G annexé à la présente loi.

Dans chaque département, le conseil général répartit entre les communes la subvention qui lui est accordée. Dans chaque commune, la répartition individuelle est faite par le conseil municipal.

Art. 40. — Le Ministre de l'Intérieur est autorisé à engager dans les conditions déterminées par la loi du 12 mars 1880 et par le décret du 4 juillet 1895, pour le programme des travaux de vicinalité à établir en 1904, des subventions qui ne pourront excéder la somme de sept millions quatre cent mille francs (7.400.000 fr.), et qui seront imputables tant sur les crédits ouverts par la présente loi que sur les crédits à ouvrir ultérieurement.

Art. 41. — Le nombre des congés de longue durée sans solde que le Ministre de la Guerre est autorisé à accorder aux officiers et assimilés en 1904, dans les conditions prévues par l'article 64 de la loi de finances du 30 mars 1902, est fixé au chiffre maximum de deux cents (200).

Art. 42. — Le Ministre de la Marine est autorisé à continuer ou à entreprendre dans les arsenaux et à commander à l'industrie les bâtiments dont les noms figurent à l'état H annexé à la présente loi.

Le Ministre de la Marine ne pourra pas, dans le courant de l'année 1904, mettre en chantiers d'autres bâtiments d'un déplacement total de plus de 2.000 tonneaux.

Art. 43. — La valeur du matériel à délivrer aux services d'exécution de la marine pour emploi en 1904 (crédits-matières) est fixée, par chapitre, conformément à l'état I annexé à la présente loi.

Art. 44. — Le Ministre de l'Instruction Publique est autorisé à engager, sur le crédit du chapitre ouvert à cet effet au budget de son département, pendant l'année 1904 mille cinq cent cinquante (1.550) créations d'écoles et d'emplois.

Art. 45. — Le Ministre de l'Instruction Publique est autorisé à accorder, pendant l'année 1904, pour le service des constructions scolaires (enseignement secondaire) en exécution de la loi du 20 juin 1885 et de l'article 65 de la loi de finances du 26 juillet 1893 des subventions s'élevant à deux millions sept cent mille francs (2.700.000 fr.).

Ces subventions seront imputables soit sur les crédits de payement ouverts par la présente loi, sur les crédits à ouvrir au budget des exercices suivants.

Les crédits d'engagement qui n'auraient pas été utilisés au cours de l'exercice 1904, pourront être reportés législativement à l'année suivante.

Ceux qui auraient été affectés à des projets n'ayant pas reçu de commencement d'exécution dans les deux années qui suivront celles au cours de laquelle la participation de l'Etat aura été promise seront annulés.

Art. 46. — Le Ministre de l'Instruction Publique est autorisé à accorder, pendant l'année 1904, pour le service des constructions scolaires (enseignement primaire), en exécution de la loi du 20 juin 1885 et de l'article 65 de la loi de finances du 26 juillet 1893, des subventions s'élevant à neuf millions de francs (9.000.000 fr.)

Ces subdivisions seront imputables, soit sur les crédits ouverts par la présente loi, soit sur les crédits à ouvrir au budget des exercices suivants.

Art. 47. — Le montant total des subventions annuelles que le Ministre des Travaux Publics peut s'engager, pendant l'année 1904, à allouer aux entreprises de chemins de fer d'intérêt local ou de tramways, en vertu de la loi du 11 juin 1880, ainsi qu'aux services réguliers de voitures automobiles, ne devra pas excéder la somme de un million de francs (1.000.000 fr.).

Art. 48. — Le Ministre des Travaux Publics est autorisé à exécuter, pendant l'année 1904, sur les fonds avancés sans intérêt par les chambres de commerce, villes, départements et autres intéressés, des travaux relatifs aux rivières, canaux, ports maritimes et chemins de fer s'élevant, au maximum, à la somme de quatre millions de francs (4.000.000 fr.), en ce qui concerne les chemins de fer, et de vingt mille francs (20.000 fr.) en ce qui concerne les autres travaux. Les fonds avancés ne pourront être productifs d'intérêts, sauf ceux avancés par la chambre de commerce de Rouen en vertu de la loi du 11 mars 1885. Les crédits nécessaires au payement des dépenses seront ouverts par décrets de fonds de concours, dans la limite et à mesure de la réalisation des versements.

Les crédits non employés en fin d'exercice et les ressources correspondantes ne pourront être reportés aux exercices suivants qu'en vertu d'une loi.

Art. 49. — Les travaux à exécuter pendant l'année 1904 soit par les compagnies de chemins de fer, soit par l'Etat à l'aide des avances que ces compagnies mettent à la disposition du Trésor, conformément aux conventions ratifiées par les lois du 20 novembre 1883, ne pourront excéder, sans y comprendre le matériel roulant, ni les dépenses résultant de la loi du 14 juin 1897, le maximum de soixante-sept millions de francs (67.000.000 fr.)

En dehors des travaux de parachèvement sur les lignes ou sections de ligne en exploitation, ou des études de lignes dont l'exécution n'est pas commencée, aucune dépense imputable sur les avances remboursables en annuités ne pourra être engagée sur des lignes autres que celles qui sont inscrites à l'état J annexé à la présente loi.

Les versements des compagnies seront portés à un compte intitulé : « Fonds de concours versés par les compagnies de chemins de fer en exécution des conventions de 1883 ».

Les crédits nécessaires au payement des dépenses seront

ouverts par décrets de fonds de concours, à mesure de la réalisation des versements effectués par les compagnies.

Les crédits non employés à la fin de l'exercice 1904 et les ressources correspondantes ne pourront être reportés aux exercices suivants qu'en vertu d'une loi.

Art. 50. — En ce qui concerne les chemins de fer exécutés par l'Etat en dehors des travaux de parachèvement sur les lignes ou sections de lignes en exploitation, ou des études de lignes dont l'exécution n'est pas commencée, aucune dépense ne pourra être engagée sur des lignes autres que celles qui sont inscrites à l'état K annexé à la présente loi.

Art. 51. — Le montant des travaux complémentaires à exécuter en 1904, sur les lignes en exploitation, après la clôture (effectuée suivant les prescriptions des décrets des 2 et 6 mai et 6 juin 1863, 12 août 1868 et 4 janvier 1892 sur les justifications financières) de leurs comptes respectifs de construction et dont le Ministre des Travaux Publics pourra autoriser l'imputation, en 1904, au compte de premier établissement, non compris le matériel roulant, est fixé à la somme de quatre-vingt-cinq millions de francs (85.000.000 fr.), ainsi répartie par compagnie :

Compagnie du Nord	20.000.000
Compagnie de l'Est	11.000.000
Compagnie de l'Ouest	12.500.000
Compagnie de Paris à Lyon et à la Méditerranée	22.000.000
Compagnie de Paris à Orléans	13.000.000
Compagnie du Midi	3.500.000
Ceinture	3.000.000
Total égal	85.000.000

En ce qui touche les travaux complémentaires ayant pour but le remplacement d'ouvrages anciens par des ouvrages nouveaux, il ne pourra être imputé sur les sommes susénoncées que les plus-values positives ou négatives des installations nouvelles sur les installations qu'elles auront remplacées.

L'autorisation donnée par le paragraphe 1er ne sera valable que jusqu'à concurrence des sommes réellement dépensées dans le cours de l'exercice 1904.

Art. 52. — L'excédent de recettes qui serait constaté en clôture de l'exercice 1904 sera affecté, s'il y a lieu au remboursement des obligations à court terme dont l'émission a été autorisée par les lois des 30 mars 1902, 26 février et 31 mars 1903 et par la présente loi.

Art. 53. — La nomenclature des documents à fournir aux Chambres par les différents ministères en exécution des dispositions contenues dans les lois antérieures de finances est fixée, pour l'année 1904, conformément à l'état L annexé à la présente loi.

Art. 54. — Toutes contributions directes et indirectes, autres que celles qui sont autorisées par les lois de finances de l'exercice 1904, à quelque titre ou sous quelque dénomination qu'elles se perçoivent, sont formellement interdites, à peine contre les autorités qui les ordonneraient, contre les employées qui confectionneraient les rôles et tarifs et ceux qui en feraient le recouvrement d'être poursuivis comme concussionnaires, sans préjudice de l'action en répétition pendant trois années contre tous receveurs, percepteurs ou individus qui en auraient fait la perception.

La présente loi, délibérée et adoptée par le Sénat et par la Chambre des députés, sera exécutée comme loi de l'Etat.

Fait à Paris, le 30 décembre 1903.

Par le Président de la République :

ÉMILE LOUBET.

Le Ministre des Finances,

ROUVIER.

Suivent, dans les états annexés, les indications détaillées.

II. — TEXTE D'UNE LOI DE RÈGLEMENT

Rappelons ici que les documents soumis aux Chambres, à l'effet d'obtenir de celles-ci le vote de la Loi de Règlement du Budget sont les suivants :

Comptes définitifs des dépenses ;

Compte définitif des recettes ;

Compte général des Finances.

Procès-verbaux de la commission de vérification des comptes des Ministres.

Déclarations générales de conformité de la Cour des Comptes.

Voici à titre d'exemple le texte de la loi de Règlement du Budget de l'exercice 1894.

LOI

PORTANT RÈGLEMENT DÉFINITIF DU BUDGET DE L'EXERCICE 1894.

Du 31 octobre 1902.

(Promulguée au *Journal officiel* du 6 novembre 1902.)

LE SÉNAT ET LA CHAMBRE DES DÉPUTÉS ONT ADOPTÉ,

LE PRÉSIDENT DE LA RÉPUBLIQUE PROMULGUE LA LOI dont la teneur suit :

TITRE Ier.

BUDGET ORDINAIRE DE L'EXERCICE 1894.

§ 1er. — *Fixation des dépenses.*

ART. 1er. — Les dépenses du budget général de l'exercice 1894 constatées dans les comptes rendus par les ministres sont arrêtées, conformément aux tableaux A et B ci-annexés, à la somme de :

France.	3.436.313.695 fr. 60	3.509.563.653 fr. 57
Algérie.	73.249.957 97	

Les payements effectués sur le même budget jusqu'à l'époque de sa clôture sont fixés à :

France.	3.407.433.089 fr. 49	3.479.975.191 12
Algérie.	72.542.101 63	

Et les dépenses restant à payer à :

France.	28.880.606 fr. 11	29.588.462 fr. 45
Algérie.	707.856 34	

Les payements à effectuer pour solder les dépenses du budget général de l'exercice 1894 seront ordonnancés sur les fonds des exercices courants, selon les règles prescrites par les articles 8, 9 et 10 de la loi du 23 mai 1834.

§ 2. — *Fixation des crédits.*

2. Il est ouvert au Ministre des Colonies, sur le budget général de l'exercice 1894, pour régularisation de dépenses effectuées au delà des crédits législativement accordés, des crédits complémentaires montant à la somme d'un million sept cent soixante-quinze mille six cent soixante-seize francs cinquante-deux centimes :

France. . . . . 1.775.676 fr. 52

Ces crédits sont applicables au chapitre XXVI : *Frais d'occupation du Soudan français.*

3. Les crédits montant ensemble à :

France.	3.477.806.509 fr. 57
Algérie.	74.739.522 64
	3.552.646.142 fr. 21

ouverts conformément aux tableaux A, B, C, D, E et F ci-annexés pour les dépenses du budget général de l'exercice 1894, sont réduits, conformément aux tableaux A et B précités :

1° D'une somme d'un million neuf cent soixante-six mille cinq cent dix-huit francs soixante et onze centimes, non consommée par les dépenses constatées à la charge de l'exercice 1894, et qui est annulée, sauf réouverture à des exercices suivants par les lois spéciales :

France. . . . . 1.966.518 fr. 71

2° D'une somme de quarante-deux millions sept cent quatre-vingt-onze mille six cent seize francs quarante-cinq centimes, non consommée par les dépenses constatées à la charge de l'exercice 1894, et qui est annulée définitivement, savoir :

France.	41.302.051 fr.	78	42.791.616 fr. 45
Algérie.	1.489.564	67	

3° D'une somme de vingt-neuf millions cinq cent quatre-vingt-huit mille quatre cent soixante-deux francs quarante-cinq centimes, représentant des dépenses non payées de l'exercice 1894 qui, conformément à l'article 1er ci-dessus, sont à ordonnancer sur les budgets des exercices courants, savoir :

France.	28.880.606 fr.	11	29.588.462 fr. 45
Algérie.	707.856	34	

Ces annulations de crédits, montant ensemble à soixante-quatorze millions trois cent quarante-six mille cinq cent quatre-vingt-dix-sept francs soixante et un centimes, sont et demeurent divisées, par ministères et par chapitres, conformément aux tableaux A et B ci-annexés, savoir :

France.	72.149.176 fr. 60	74.346.597 fr. 61
Algérie.	2.197.421 01	

4. Au moyen des dispositions contenues dans l'article précédent, les crédits du budget général de l'exercice 1894 sont définitivement fixés à la somme de trois milliards quatre cent-soixante-dix-neuf millions neuf cent soixante-quinze mille cent quatre-vingt-onze francs douze centimes, égale aux payements effectués, et ces crédits sont répartis conformément aux mêmes tableaux A et B, savoir :

France.	3.407.433080 fr. 49
Algérie	72.542.101 63
Ensemble	3.479.975.191 fr. 12

§ 3. — *Fixation des recettes.*

5. Les droits et produits constatés au profit de l'État sur le budget général de l'exercice 1894 sont arrêtés, conformément aux tableaux G et H ci-annexés, à la somme de :

France.	3.433.428.497 fr. 08	3.485.485.243 fr. 76
Algérie.	52.056.746 68	

Les recettes du budget général effectuées sur le même exercice, jusqu'à l'époque de sa clôture, sont fixées à :

France.	3.407.850.460 fr. 31	3.458.320.575 fr. 22
Algérie.	50.470.114 91	

Et les droits et produits restant à recouvrer, à :

France.	25.578.036 fr. 77	27.164.668 fr. 54
Algérie.	1.586.631 77	

6. Les recettes du budget général de l'exercice 1894 sont arrêtées par l'article précédent à la somme de :

France.	3.407.850.460 fr. 31	3.458.320.575 fr. 22
Algérie	50.470.114 91	

Les voies et moyens du budget général de l'exercice 1894 demeurent, en conséquence, fixés à la même somme.

§ 4. — *Fixation du résultat du budget général.*

7. Le résultat du budget général de l'exercice 1894 est définitivement arrêté ainsi qu'il suit :

Recettes fixées par l'article précédent à.	3.458.320.575 fr. 23
Payements fixés par l'article 1er à . . .	3.479.975.191 12
Excédent de dépense.	21.654.615 fr. 90

ainsi réparti :

France. — Excédent de recette.	417.370 fr. 82
Algérie. — Excédent de dépense. . . .	22.071.985 72
Somme égale	21.654.615 fr. 90

Cet excédent de dépense sera porté en augmentation des découverts du Trésor.

TITRE II

BUDGETS ANNEXES RATTACHÉS POUR ORDRE AU BUDGET GÉNÉRAL DE L'EXERCICE 1894.

8. Les recettes et les dépenses des budgets annexes rattachés pour ordre au budget général de l'exercice 1894 demeurent définitivement arrêtées et réglées à la somme

de cent treize millions quatre cent cinquante mille six cent dix-huit francs quatre-vingt-dix-huit centimes (113.450.618 fr. 98) conformément au résultat général du tableau J ci-annexé, savoir :

Fabrication des monnaies et médailles.	5.287.193 fr.	47
Imprimerie nationale	6.183.499	14
Légion d'honneur	16.240.039	67
Caisse des invalides de la marine. . . .	17.468.388	26
Ecole centrale des arts et manufactures.	1.835.574	48
Caisse nationale d'épargne.	21.390.824	37
Chemin de fer et port de la Réunion. .	4.899.580	09
Chemins de fer de l'Etat	40.145.519	50
Somme égale.	113.450.618 fr.	98

9. Les crédits ouverts au titre du budget annexe de la Caisse nationale d'épargne pour l'exercice 1894, par la loi de finances du 28 juillet 1893, sont augmentés de la somme de soixante-douze mille cinquante-huit francs six centimes (72.158 fr. 06) applicable au chapitre ci-après :

Chap. 1er. — Intérêts à servir aux déposants, soixante-douze mille cent cinquante-huit francs six centimes (72.158 fr. 06).

TITRE III

DISPOSITIONS PARTICULIÈRES

10. Les crédits d'inscription accordés, sur l'exercice 1894, pour les pensions militaires de la guerre, par la loi du 26 juillet 1894, demeurent définitivement arrêtés, conformément au tableau K ci-annexé à la somme de cinq millions de francs (5.000.000 fr.).

11. Les crédits d'inscription accordés, sur l'exercice 1894, pour les pensions militaires de la marine, par la loi du 26 juillet 1893, sont réduits de cinq cent soixante et onze mille huit cent cinquante-sept francs (571.857 fr.) et demeurent définitivement arrêtés, conformément au tableau L ci-annexé, à la somme de deux millions vingt-huit mille cent quarante-trois frans (2.028.143 fr.)

12. Les crédits d'inscription accordés, sur l'exercice 1894, pour les pensions militaires des colonies, par la loi du 26 juillet 1893, sont réduits de cent soixante-sept mille deux cent soixante-dix-huit francs (167.278 fr.) et demeurent définitivement arrêtés, conformément au tableau M ci-annexé, à la somme de cent trente-deux mille sept cent vingt-deux francs (132.722 fr).

13. Les crédits d'inscription de huit millions trois cent cinquante mille francs (8.350.000 fr.) accordés, sur l'exercice 1894, pour les pensions civiles, par le décret du 14 février 1894 et la loi du 20 mars de la même année, sont réduits d'une somme de quatre cent quatre-vingt-dix mille huit cent quarante-quatre francs (490.844 fr.), non employée au 31 juillet 1895, et ramenés à la somme de sept millions huit cent cinquante-neuf mille cent-cinquante-six francs (7.859.156 fr.), conformément au tableau N ci-annexé, sous réserve de l'application de l'article 2 du décret du 8 août 1892.

14. La situation de la valeur du matériel existant au 31 décembre 1894, dans les magasins des ports et établissements de la marine, est arrêtée à la somme de deux cent vingt-huit millions six cent soixante-dix mille cinq cent trente-trois francs vingt et un centimes (228.670.533 fr. 21), conformément au tableau O ci-annexé.

15. Le montant des remises à titre gracieux accordées sur débets s'élève à la somme de cinquante-sept mille cinq cent vingt-sept francs dix centimes (57.527 fr. 10), conformément au tableau P ci-annexé.

16. Sera portée en augmentation des découverts du Trésor, la somme de huit cent quatre-vingt-onze mille cinq cent soixante-neuf francs cinq centimes (891.569 fr. 05) représentant l'avance faite par la dette flottante pour parfaire le remboursement des bons de liquidation créés pour dédommagements à raison des destructions ordonnées par l'autorité militaire (loi du 30 décembre 1891).

La présente loi, délibérée et adoptée par le Sénat et par la Chambre des députés, sera exécutée comme loi de l'État.

Fait à Paris, le 31 octobre 1902.

Signé : ÉMILE LOUBET.

Le Ministre des Finances,

Signé : ROUVIER.

ÉTATS ANNEXÉS

TABLEAUX ANNEXÉS A LA LOI PORTANT RÈGLEMENT DÉFINITIF DU BUDGET DE L'EXERCICE 1894.

1° BUDGET GÉNÉRAL

Tableau A. — Règlement définitif des dépenses. — France.

Tableau B. — Règlement définitif des dépenses. — Algérie.

Tableau C. — Tableaux modificatifs des prévisions de recette et de dépense du budget général de l'exercice 1894. — France.
(Résultats généraux sur l'ensemble des évaluations de recette.)

Tableau D. — Tableaux modificatifs des prévisions de recette et de dépense du budget général de l'exercice 1894. — Algérie.
(Résultats généraux sur l'ensemble des évaluations de recette.)

Tableau E. — Tableaux modificatifs des prévisions de recette et de dépense du budget général de l'exercice 1894. — France. (Résultats généraux sur l'ensemble des crédits.)

Tableau F. — Tableaux modificatifs des prévisions de recette et de dépense du buget général de l'exercice 1894. — Algérie. (Résultats généraux sur l'ensemble des crédits.)

Tableau G. — Règlement définitif des recettes. — France.

Tableau H. — Règlement définitif des recettes. — Algérie.

Tableau I. — Résultat du budget général.

4° BUDGETS ANNEXES.

Tableau J. — Règlement définitif des budgets annexes rattachés pour ordre au budget de l'exercice 1894.

TABLEAUX DIVERS

Tableau K. — Tableau des crédits d'inscription des pensions militaires de la guerre pour l'exercice 1894.

Tableau L. — Tableau des crédits d'inscriptions des pensions militaires de la marine pour l'exercice 1894.

Tableau M. — Tableau des crédits d'inscription des pensions militaires des colonies pour l'exercice 1894.

Tableau N. — Tableau des crédits d'inscription des pensions civiles (loi du 9 juin 1853) pour l'exercice 1894.

Tableau O. — Situation, par service, des approvisionnements existant, à l'époque du

31 décembre 1894, dans les ports et établissements de la marine.

Tableau P. — État des remises à titre gracieux accordées sur débets (art. 371 du décret du 31 mai 1862).

Suit le développement de ces états.

Remarque. — Le Budget de l'Algérie ayant été distrait du Budget général, on ne retrouvera plus, à l'avenir, les articles qui le concernent.

III. — TEXTES AUTORISANT ET RÉGLEMENTANT LES CONDITIONS D'UN EMPRUNT

Voici les textes relatifs à l'emprunt de 265 millions du 7 septembre 1901.

LOI

AYANT POUR OBJET UNE ÉMISSION DE RENTES 3 P. 100 PERPÉTUELLES ET LA RÉGULARISATION DES DÉPENSES DE L'EXPÉDITION DE CHINE.

Le Sénat, la Chambre des députés ont adopté,

Le Président de la République promulgue la loi dont la teneur suit :

Art. 1er. — En vue du règlement des dépenses de l'expédition de Chine, le Ministre des Finances est autorisé à émettre, au mieux des intérêts du Trésor, et à l'inscrire au grand livre de la dette publique la somme de rente 3 p. 100 nécessaire pour produire un capital effectif de deux cent soixante-cinq millions de francs (265.000.000 francs).

Dans cette somme seront compris les dépenses matérielles et les frais quelconques de l'opération, lesquels ne pourront excéder un capital de deux millions de francs (2.000.000 fr.).

Les conditions de l'émission de rente 3 p. 100 autorisée par le présent article seront fixées par décret.

Un état détaillé des dépenses dudit emprunt : remises diverses, commissions de banque, frais de publicité, avec les noms des parties prenantes, sera dressé et publié au *Journal officiel* dans le délai de trois mois.

Art. 2. — La loi du 1er juillet 1901 concernant les dépenses de l'expédition de Chine est modifiée comme suit :

Sur le produit de l'emprunt autorisé par l'article 1er de la présente loi, il sera prélevé :

1° Le capital nécessaire au payement des indemnités, secours et pensions que la commission prévue à l'article 3 de la présente loi attribuera aux militaires et marins victimes de l'expédition de Chine et, en cas de mort, à leurs ascendants et descendants.

2° Au titre de chacun des exercices 1900 et suivants, lors du règlement de chacun de ces exercices, une somme égale au montant des dépenses acquittées pendant chacun de ces exercices sur les crédits spéciaux ouverts ou à ouvrir par suite des événements de Chine;

3° Une somme égale au montant des indemnités qui seront allouées, par la commission prévue à l'article 3 ci-après, aux victimes de ces mêmes événements.

Ladite somme sera, après la clôture des opérations de la Commission, versée à la Caisse des dépôts et consignations pour être mise par cet établissement à la disposition des ayants droit dans les conditions fixées par ladite commission.

Art. 3. — Toutes les indemnités qui seront réclamées par des victimes des événements de Chine seront fixées par une commission nommée par décret rendu en conseil des ministres et ainsi composée :

Deux membres du Sénat;

Deux membres de la Chambre des députés;

Trois membres du Conseil d'Etat;

Deux membres de la Cour des comptes;

Deux représentants du Ministère des Affaires Étrangères;

Deux représentants du Ministère des Finances.

Ladite commission fixera les justifications à produire pour constater que les sommes attribuées ont reçu l'affectation indiquée dans ses décisions.

Elle déterminera le montant des retenues à opérer jusqu'à ce que ces justifications aient été fournies.

Art. 4. — Le Ministre des Finances rendra compte des opérations effectuées de l'exécution de la présente loi au moyen d'un rapport adressé au Président de la République et distribué au Sénat et à la Chambre des députés.

La présente loi, délibérée et adoptée par le Sénat et par la Chambre des députés, sera exécutée comme loi de l'État.

Fait à Paris, le 6 décembre 1901.

Par le Président de la République:

EMILE LOUBET.

Le Ministre des Finances,

J. CAILLAUX.

II

Le Président de la République française,

Vu la loi du 6 décembre 1901.

Sur le rapport du Ministre des Finances,

Décrète :

Art. 1er. — Le Ministre des Finances est autorisé à procéder, par voie de souscription publique à l'aliénation de la somme des rentes 3 p. 100 perpétuelles nécessaire pour réaliser, en exécution de l'article 1er de la loi du 7 décembre 1901, un capital de 265 millions.

Art. 2. — Les dites rentes 3 p. 100 seront émises au taux de cent francs par trois francs (3 fr.) de rente.

Art. 3. — Le Ministre des Finances est chargé de l'exécution du présent décret, qui sera publié au *Journal officiel* et inséré au *Bulletin des lois*.

Fait à Paris, le 8 décembre 1901.

Par le Président de la République :

EMILE LOUBET.

Le Ministre des Finances.

J. CAILLAUX.

II

Le Ministre des Finances,

Vu le décret du Président de la République en date de ce jour,

Arrête ce qui suit :

Art. 1er. — Une souscription publique sera ouverte le 21 décembre 1901 au matin et close le soir même, pour la réalisation d'une somme de 265 millions de francs en rente 3 p. 100 perpétuelles.

Il ne sera admis aucune liste de souscriptions.

Art. 2. — Les souscriptions seront reçues :

1° A Paris et dans le département de la Seine :

A la caisse centrale du Trésor, rue de Rivoli;

A la Caisse des dépôts et consignations, rue de Lille n° 60.

A la banque de France, rue des Petits-Champs, et à ses succursales et bureaux auxiliaires de la banlieue;

A la Banque de l'Algérie, boulevard Saint-Germain, 217;

A la recette centrale de la Seine, place Vendôme, 16;

A la caisse des receveurs- percepteurs de Paris;

A la caisse des percepteurs des arrondissements de Saint-Denis et de Sceaux qui auront été désignés par le Ministre des Finances.

A la recette municipale de la ville de Paris (à l'Hôtel de Ville); aux mairies des vingt arrondissements de Paris ;

2° Dans les autres départements :

A la caisse des trésoriers-payeurs généraux et des receveurs particuliers des finances;

A la caisse des percepteurs qui auront été désignés par le Ministre des Finances;

Aux succursales et bureaux auxiliaires de la Banque de France;

3° En Algérie :

A la caisse des trésoriers-payeurs;

A la caisse des payeurs particuliers qui auront été désignés par le Ministre des Finances;

Aux succursales de la Banque de l'Algérie;

4° A Tunis : à la caisse de l'agent comptable du Trésor français;

Les bureaux destinés à recevoir les souscriptions seront ouverts de neuf heures du matin à quatre heures du soir, sans interruption.

Art. 3. — Les rentes seront émises au prix de 100 fr. par 3 fr. de rente. Jusqu'à la libération complète, les versements porteront intérêt dans les conditions déterminées par l'article 9 ci-après.

Art. 4. — Il ne sera pas admis de souscription inférieure à 3 fr. de rente.

Au-dessous de cette somme, les souscriptions seront reçues pour 10 francs de rente et les multiples de 10 francs.

Toutefois, les souscriptions supérieures à 1.500 francs de rente ne seront reçues que pour les multiples de 100 francs de rente.

Les souscriptions devront être faites sans condition et le Ministre des Finances restera seul juge de leur validité.

Art. 5. — Les souscripteurs seront tenus de garantir leur souscription par le versement immédiat d'une somme de 15 francs par 3 francs de rente, effectué en numéraire ou en billets de la Banque de France, ou, en Algérie, en billets de la banque de l'Algérie.

Art. 6. — Ce versement en numéraire pourra être provisoirement remplacé par le dépôt d'obligations à court terme ou de bons du Trésor qui seront reçus en garantie pour leur valeur en capital, sans tenir compte des intérêts courus.

Les valeurs au porteur et les valeurs nominatives dont les titulaires ont la libre disposition seront seules admises ; le dépôt devra être accompagné d'une déclaration affectant les titres présentés à la garantie de la souscription.

Le dépôt des valeurs reçues en garantie pourra être effectué :

A la caisse centrale du Trésor, à Paris ; à la caisse des trésoriers-payeurs généraux dans les départements ; à la caisse des trésoriers-payeurs de l'Algérie, le 19 décembre, de neuf heures du matin à quatre heures du soir.

Il sera délivré aux déposants une reconnaissance de dépôt au porteur visée : à Paris et dans le département de la Seine, par un délégué du contrôleur central du Trésor public ; dans les autres départements et en Algérie, par un délégué de la préfecture ou de la sous-préfecture ; à Tunis, par un délégué de la résidence générale.

Les souscriptions garanties par un dépôt préalable de titres, comme il vient d'être dit, ne seront admises qu'à la caisse à laquelle aura été effectué le dépôt et au vu de la reconnaissance ci-dessus mentionnée.

Elles seront constatées au moyen d'un certificat de souscription également visé au contrôle.

Art. 7. — Les souscriptions accompagnées d'un versement en numéraire seront constatées au moyen de la délivrance d'un récépissé au porteur, visé au contrôle.

Art. 8. — Le versement du prix des rentes attribuées sera effectué comme il suit :

Le jour de la souscription (1er terme)	15 fr.
A la répartition (2e terme).	24 —
Le 16 février 1902 (3e terme).	30 —
Le 16 mai 1902 (4e terme)	31 —
Total	100 fr.

Art. 9. — Les intérêts courus sur les versements effectués avant la libération complète des titres seront déduits des versements successivement exigibles.

Le montant desdits intérêts est fixé ainsi qu'il suit par 3 francs de rente :

Au 16 février 1902.	0 fr. 25
Au 16 mai 1902.	0 50
Total.	0 fr. 75

Art. 10. — Le versement de la somme exigible à la répartition sera effectué au moment de l'échange du récépissé de souscription contre un certificat provisoire de rente 3 p. 100 ; il devra avoir lieu dans un délai de quinze jours à compter de la date fixée pour cet échange.

Le versement des termes exigibles les 16 février et 16 mai 1902 pourra être effectué dans un délai de quinze jours, soit au plus tard les 2 mars et 30 mai 1902.

Le payement de chacun des termes exigibles ne pourra être effectué qu'en un seul versement. Ce versement sera constaté sur le certificat provisoire par une mention signée du receveur des finances et visée au contrôle. En cas de retard, le débiteur sera passible de plein droit d'intérêts envers le Trésor, à raison de 4 p. 100 l'an, à courir de l'échéance effective de chacun des termes, c'est-à-dire, en ce qui concerne le terme dû à la répartition, à compter de la date fixée pour l'échange des récépissés provisoires et, pour les autres termes, à compter des 16 février et 16 mai inclusivement.

En outre, le ministre pourra déclarer le porteur déchu de ses droits et faire effectuer, sans mise en demeure préalable, la vente des rentes représentées par le certificat pour couvrir le Trésor des sommes qui lui seraient dues.

Art. 11. — Si le montant des souscriptions dépasse la somme de rente à aliéner, toutes les souscriptions quel qu'en soit le chiffre, seront soumises à une réduction proportionnelle.

Toutefois le Ministre des Finances se réserve le droit de statuer en ce qui concerne les souscriptions qui se trouveraient réduites à 3 francs de rente ou au-dessous.

Au-dessus de cette somme, il ne sera attribué en rente que 5 francs ou des multiples de francs ; il ne sera pas tenu compte des fractions qui donneraient droit à moins de 2 fr. 50 de rente ; les fractions de 2 fr. 50 et au-dessus seront comptées pour 5 francs de rente.

Un avis inséré au *Journal officiel* fera connaître le résultat de la souscription et le taux de la réduction s'il y a lieu.

Art. 12. —A partir du jour qui sera indiqué par un avis inséré au *Journal officiel*, les récépissés de souscription seront échangés contre des certificats provisoires de rente 3 p. 100. Ces certificats seront au porteur et munis de talons de versement. Les excédents de versements seront remboursés aux souscripteurs sous déduction du terme exigible à la répartition.

Toutefois, pour les souscripteurs de 1.500 francs de rente et au-dessus, un remboursement partiel pourra être autorisé avant la délivrance du certificat provisoire.

Art. 13. — Les valeurs reçues en garantie de souscriptions seront restituées à la date fixée par la liquidation des souscriptions et contre versement de la somme de 59 francs par 3 francs de rente attribuée.

A défaut de ce versement dans le délai de quinze jours qui suivra la date fixée pour l'échange des récépissés provisoires, les intérêts à 4 p. 100 comptés du 21 décembre 1901 sur la somme de 15 francs pour 3 francs de rente et du jour fixé pour l'échange des récépissés sur la somme de 24 francs courront de plein droit et sans mise en demeure en faveur du Trésor.

Art. 14. — Les souscripteurs auront, au cours de la période fixée pour la répartition, la faculté de verser par anticipation, sous déduction d'un escompte calculé au taux de 3 p. 100, les termes échéant les 16 février et 16 mai 1902; dans ce cas, ils recevront un titre portant jouissance du 1er janvier 1902.

Le Ministre des Finances se réserve en outre la faculté d'autoriser, en dehors de la période de répartition, le versement anticipé des termes au 16 février et 16 mai 1902.

Art. 15. — Aussitôt après leur libération intégrale, les certificats provisoires seront échangés, au choix des parties, contre des inscriptions de rentes nominatives, mixtes ou au porteur.

Ces inscriptions porteront jouissance courante.

Fait à Paris, le 8 décembre 1901.

J. CAILLAUX.

III

RÉPUBLIQUE FRANÇAISE

MINISTÈRE DES FINANCES

ÉMISSION DE 265.000.000 FR. EN RENTE 3 P. 100

AUTORISÉE PAR LA LOI DU 8 DÉCEMBRE 1901

Prix d'émission : 100 francs.

PAYABLE	En souscrivant.	15 fr.	Total : 100 fr.
	A la répartition (vers le 5 janvier 1902).	24 —	
	Le 16 février 1902	30 —	
	Le 16 mai 1902	31 —	

FACULTÉ DE LIBÉRATION A LA RÉPARTITION VERS LE 5 JANVIER

Le titre libéré à la répartition sera délivré avec jouissance du 1er janvier 1902 et sous déduction d'un escompte calculé à 3 p. 100 sur les termes de février et de mai 1902.

Les titres remis aux souscripteurs le 16 mai 1902 seront munis du coupon à échéance du 1er juillet.

ON SOUSCRIT LE 21 DÉCEMBRE 1901

A Paris :

à la **Caisse Centrale du Trésor**, rue de Rivoli ;
à la **Caisse des Dépôts et Consignations**, quai d'Orsay, 3 ;
à la **Recette Principale**, 16, place Vendôme ;
Chez les **Percepteurs, Receveurs** de Paris ;

à la **Banque de France**, et à ses Succursales des Départements ;
à la **Banque d'Algérie**, boulevard Saint-Germain, 217 ;
à la **Caisse des Percepteurs** de Saint-Denis et Sceaux désignés par le **Ministre des Finances** ;
à la **Recette Municipale** de la Ville de Paris (Hôtel de Ville) ;
aux **Mairies** des vingt arrondissements.

Dans les départements :

à la **Caisse des Trésoriers-Payeurs** généraux, des **Receveurs** des **Finances** et des **Percepteurs** désignés par le **Ministre des Finances**.

Les souscriptions par correspondance ne sont pas admises.

IV. — NOTE SUR LE COMPTE GÉNÉRAL DE L'ADMINISTRATION DES FINANCES

Le compte général de l'Administration des Finances présente un intérêt considérable à raison de l'importance des renseignements qu'il fournit. Voici, d'après la note préliminaire insérée tous les ans dans ce document, l'explication de ses divisions.

« Les documents dont se compose le compte de l'Administration les finances se divisent en trois catégories principales : Comptes généraux; Comptes de la Dette publique; Comptes de divers services publics.

« Les comptes généraux, qui sont au nombre de six, ont

pour objet de retracer la série des opérations concernant les budgets, le service de trésorerie et l'ensemble de la situation des finances » :

1° Ainsi qu'il a été dit, les comptes de gestion permettent un contrôle facile des comptables, car le solde à tout moment doit être égal au rappel de l'encaisse augmenté des recettes et diminué des dépenses.

Le compte des opérations de l'année, qui est le premier des comptes généraux, a pour objet le contrôle des comptables considérés dans leur ensemble, et comme si, à eux tous, ils ne formaient qu'un seul être collectif.

En conséquence, le premier article sera représenté par les valeurs de caisse ou de portefeuille formant le solde du compte de l'année précédente (au 31 décembre 1901, il était de 2.027.781.922 fr. 05).

Le second article fera figurer les recettes effectuées dans l'année (pendant le cours de 1902 leur montant s'élevait à 49.277.336.543 fr. 61).

Le troisième article les dépenses pendant cette même période (48.845.259.844 fr. 39).

On fait le total des deux premiers articles, on en retranche le troisième : la différence doit être égale au solde constaté dans les caisses le 31 décembre 1902 (soit 2.459.858.621 fr. 27).

Sous une forme si résumée, les comptes ne pourraient être utilement contrôlés : après les indications sommaires qui viennent d'être exposés ils font, en conséquence, l'objet de développements plus étendus.

On fait la distinction entre les opérations budgétaires et les opérations de Trésorerie (et services spéciaux). Les premières sont reprises d'abord par nature de recettes et de dépenses, et en les distinguant dans des tableaux séparés suivant qu'elles appartiennent à l'exercice courant ou à l'exercice précédent.

Elles sont reprises une seconde fois par classes de comptables.

Quant aux opérations de Trésorerie, elles sont récapitulées par nature principale de service.

Compte des contributions et revenus publics. — Ce compte retrace avec les développements du Budget « les droits liquidés à la charge des redevables du Trésor Public, ceux qui ont été recouvrés et ceux qui sont restés à réaliser ». Bien entendu, on fait toujours la distinction des exercices auxquels appartiennent les opérations.

Compte des dépenses publiques. — Ce compte fait ressortir, par ministère et par chapitre, et toujours avec la distinction des exercices : les droits constatés ; les paiements effectués ; les restes à payer.

Compte de Trésorerie. — Ce compte retrace toutes les opérations non budgétaires qui ont effecté l'encaisse des comptables telles que : mouvements de fonds, émission et remboursement d'effets à payer ; opérations concernant les services spéciaux ; « excédent au profit ou à la charge du Trésor, qui ressort du recouvrement de l'impôt et de l'acquittement des dépenses publiques ».

« On voit par ces explications que les trois premières sections du Compte général des Finances présentent l'ensemble des opérations de recette et de dépense effectuées par tous les agents ou comptables préposés à la liquidation et à la réalisation des droits constatés au profit et à la charge de l'Etat. Il reste à rapprocher entre elles ces opérations, à les comparer aux prévisions ou autorisations législatives et à les combiner avec les soldes des gestions précédentes, de manière à déterminer la situation des différents services financiers à la fin de l'année dont le compte est rendu. » Note préliminaire.

Compte des budgets. — Ce compte retrace pour le dernier exercice terminé :

1° Les évaluations de recettes de la loi de finances, les produits effectivement recouvrés, les restes à recouvrer ;

2° Les crédits accordés pour les dépenses par cette

même loi de finances les dépenses faites, les sommes restant à payer.

Il ressort de la comparaison entre les paiements effectués et les recouvrements, un excédent de recette ou de dépense.

Situation générale de l'Administration des Finances. — Elle comprend une balance résumée des comptes du Grand Livre et un exposé de l'actif ou du passif de l'Administration.

Les comptes de la Dette publique. — Par exemple :

1° Le compte de la Dette consolidée fait connaître l'origine et l'emploi des rentes (selon qu'elles ont été négociées, remises à la Caisse d'amortissement pour la consolidation des fonds de réserve de l'amortissement, attribuées à divers services publics ou annulées en vertu d'actes législatifs).

2° Le Compte des annuités aux Compagnies de chemins de fer qui « fait connaître le montant des dépenses de cette nature qui ont été liquidées au profit des compagnies, les paiements faits chaque année en atténuation de ces dépenses et les sommes restant à payer ». (On sait qu'au terme des conventions de 1883, l'Etat supporte les frais de construction des lignes de chemins de fer sous déduction des dépenses de matériel roulant, mobilier et outillage des gares et d'une somme fixe de 25.000 francs par kilomètre. Seulement, au lieu qu'il fournisse directement les fonds, les compagnies émettent les emprunts nécessaires pour se les procurer : l'Etat les rembourse au moyen des annuités dont il vient d'être parlé) ;

3° Le compte des annuités de rachat de canaux « contient le tableau des emprunts de cette nature dont le Trésor s'est engagé à rembourser matériellement le capital, les paiements qu'il a successivement faits en atténuation de sa dette, et les sommes restant à amortir à la fin de l'année » ;

4° Le compte des cautionnements en numéraire ;

5° Le compte des rentes viagères ;

6° Le compte des pensions, etc.

Les comptes de divers services publics. — Parmi les plus intéressants, on peut citer :

Le compte de la garantie d'intérêts aux Compagnies de chemins de fer, qui « présente le montant des avances faites aux Compagnies, les reversements ou remboursements effectués sur ses avances, et la situation de la Dette des compagnies à la fin de l'année ». Le compte des débets et créances litigieuses qui « présente les mouvements annuels et la situation des débets et créances dont le recouvrement est poursuivi par les soins de l'agent judiciaire du Trésor, et contient des développements particuliers sur la situation des prêts effectués, en 1860, au commerce et à l'industrie ».

TABLE DES MATIÈRES

PRÉLIMINAIRES

PREMIÈRE PARTIE

AUTORISATIONS DE RECETTES ET DE DÉPENSES

DEUXIÈME PARTIE

EXÉCUTION DES LOIS DE FINANCES

TROISIÈME PARTIE

LA DETTE PUBLIQUE

QUATRIÈME PARTIE

COMPTABILITÉ ET CONTROLE DES ORDONNATEURS ET COMPTABLES

CINQUIÈME PARTIE

ORGANISATION FINANCIÈRE

ANNEXES

ÉVREUX, IMPRIMERIE DE CHARLES HÉRISSEY

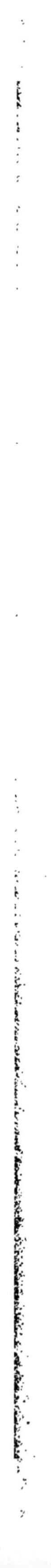

www.ingramcontent.com/pod-product-compliance
Ingram Content Group UK Ltd.
Pitfield, Milton Keynes, MK11 3LW, UK
UKHW021852190726
13855UKWH00001B/281